BLAUE
REIHE

Weiterführend empfehlen wir:

**New Work: Menschlich –
demokratisch – agil**
ISBN 978-3-96186-016-6

**Provokant –
Authentisch – Agil**
ISBN 978-3-96186-004-3

**Führungskommunikation
in der Organisation**
ISBN 978-3-8029-5486-3

**Digitale Arbeit, E-Government,
Arbeit 4.0**
ISBN 978-3-8029-1584-0

Aus Führungsfehlern lernen
ISBN 978-3-8029-7276-8

**Social Service Design &
Marketing**
ISBN 978-3-8029-5468-9

Wir freuen uns über Ihr Interesse an diesem Buch. Gerne stellen
wir Ihnen zusätzliche Informationen zu diesem Programmsegment
zur Verfügung.

Bitte sprechen Sie uns an:
E-Mail: WALHALLA@WALHALLA.de
http://www.WALHALLA.de

Walhalla Fachverlag · Haus an der Eisernen Brücke · 93042 Regensburg
Telefon (0941) 56 84-0 · Telefax (0941) 56 84-111

Pölzl · Wächter

DIGITALE (R)EVOLUTION IN SOZIALEN UNTERNEHMEN

Praxis-Kompass für Sozialmanagement und Soziale Arbeit

Bibliografische Information der Deutschen Nationalbibliothek

Die Deutsche Nationalbibliothek verzeichnet diese Publikation in der Deutschen Nationalbibliografie; detaillierte bibliografische Daten sind im Internet über http://dnb.dnb.de abrufbar.

Zitiervorschlag:

Pölzl, A./Wächter, B. (2019): Digitale (R)Evolution in Sozialen Unternehmen, Walhalla Fachverlag, Regensburg 2019

Herausgeber der BLAUEN REIHE sind:

- Prof. Dr. Paul Brandl, Fachhochschule Oberösterreich
- Prof. Dr. Astrid Herold-Majumdar, Hochschule für angewandte Wissenschaften München
- Prof. Dr. Thomas Prinz, Fachhochschule Oberösterreich
- Prof. Dr. Klaus Schellberg, Evangelische Hochschule Nürnberg
- Prof. Dr. Armin Schneider, Hochschule Koblenz

Weitere Infos zum Herausgeber-Team und zur BLAUEN REIHE finden Sie unter: www.fokus-sozialmanagement.de

Hinweis: Unsere Werke sind stets bemüht, Sie nach bestem Wissen zu informieren. Alle Angaben in diesem Buch sind sorgfältig zusammengetragen und geprüft. Durch Neuerungen in der Gesetzgebung, Rechtsprechung, neue wissenschaftliche Erkenntnisse sowie durch den Zeitablauf ergeben sich zwangsläufig Änderungen. Bitte haben Sie deshalb Verständnis dafür, dass wir für die Vollständigkeit und Richtigkeit des Inhalts keine Haftung übernehmen.

In diesem Buch werden auf Grund der besseren Lesbarkeit abwechselnd männliche oder weibliche Formen genutzt (allerdings nicht zwanghaft). Immer aber sind alle Geschlechter gemeint.

Inhaltsverzeichnis

In diesem Buch werden auf Grund der besseren Lesbarkeit abwechselnd männliche oder weibliche Formen genutzt (allerdings nicht zwanghaft). Immer aber sind alle Geschlechter gemeint.

Abbildungsverzeichnis

Vorwort

Gehören Sie auch zu jenen vielen Tätigen im Sozialbereich und fragen sich, was denn an der Digitalisierung dran ist? Das vorliegende Buch wird Ihnen einen Einblick in die umfangreiche digitale Welt und deren Anknüpfungspunkte an Soziale Unternehmen geben.

Ohne einen Anspruch auf Vollständigkeit erheben zu wollen, wollen wir Ihnen helfen, Wege zu finden, wie Sie sich der Digitalisierung nähern und erste Maßnahmen in Ihrem Arbeitsumfeld ergreifen können.

Von einer Praktikerin und einem Praktiker geschrieben unternimmt dieses Buch den seltenen Versuch, die Perspektiven von Unternehmen und Fachkräften, von Betriebswirtschaft und Beratung/Betreuung zu verbinden.

Wir haben in Unternehmen an unterschiedlichsten Stellen gearbeitet und Digitalisierungsprozesse von ihren Anfängen an miterlebt und mitgestaltet. Bei unserem gemeinsamen Dienstgeber, dem Verein B7 Arbeit und Leben, haben wir uns seit Ende 2016 in einem Projekt gezielt den Potenzialen und Dynamiken von Digitalisierung gewidmet und unsere beiden – recht bunten – Zugänge zu diesem Thema zusammengeführt. Als Ziele des B7-Digitalisierungsprojekts wurden formuliert:

* Was bedeutet Digitalisierung? Wie ist dieser Trend bei B7 nutzbar?

* Auf welche Bereiche wirkt sich Digitalisierung in unserer Arbeit aus? Welche Abläufe können damit sinnvoll optimiert werden?

* In welchen digitalen/analogen Welten leben unsere Klientinnen und Klienten? Wie ändern sich deren Möglichkeiten am Arbeitsmarkt?

* Welche Angebote kann B7 bieten?

Studium von Fachliteratur und Expertengespräche führten zu einer internen Erhebung und einer umfassenden Analyse. Der Outcome des Projekts war überraschend vielfältig: B7 entschloss sich zu weiteren internen Projekten, um die Digitalisierung in Verwaltung und Dokumentation zu nutzen, ein Forschungsprojekt mit der Fachhochschule für Soziale Arbeit wurde initiiert und eine zweitägige Fortbildung für digitale Basiskompetenzen von Berater/innen konnte bereits mehrfach durchgeführt werden und ist vom oberösterreichischen Arbeitsmarktservice[1] anerkannt. Und bereits mehrere Produktinnovationen konnten durch verschiedene Fachabteilungen auf den Weg gebracht werden[2].

Und wir wurden als Projektleitungsteam ermutigt, dieses Buch zu schreiben. Wir haben uns darauf eingelassen, weil wir erlebt haben, dass gerade unsere unterschiedlichen Vorkenntnisse und Arbeitsfelder für die Erkundung des breiten Feldes der Digitalisierung sehr nützlich sind. Das Verständnis der Zusammenhänge und der möglichen Lösungen wuchs in der gemeinsamen Auseinandersetzung mit konkreten Problemstellungen aus unterschiedlichen Perspektiven, wie dem Projektmanagement, Organisationsentwicklung, IT-Management, der Interventionstheorien der Sozialen Arbeit, Beratungspraxis und Betriebswirtschaft.

Eine wesentliche Erkenntnis, die sich durch das B7-Digitalisierungsprojekt bei uns gefestigt hat, ist die Überzeugung, dass sich eine Organisation nur dann erfolgreich auf die Digitalisierung einstellen kann, wenn sie gewillt ist, alle Ebenen in der Organisation miteinzubinden und in der Lage ist, mehrdimensional an die Herausforderungen heranzugehen. Das verlangt von allen Beteiligten eine multiprofessionelle Haltung und Offenheit für neue Lösungen – auch wenn sich diese nicht immer innerhalb der eigenen Komfortzone bewegen. Die ernsthafte Einbeziehung von Mitarbeiter/innen aus allen Unternehmensbereichen in die Analyse und Innovationsprozesse verspricht allerdings kreative Lösungen, die hohe interne und externe Akzeptanz sichern.

Bettina Wächter, Alois Pölzl
im März 2019

> **Dank**
> Die Erstellung dieses Buches wäre nicht ohne die positive Unterstützung unserer Ehepartner in der Ausarbeitungsphase möglich gewesen. Und auch Kollegen und Kolleginnen innerhalb und außerhalb von B7 Arbeit und Leben danken wir für viele fruchtbare Gespräche.

---

[1] entspricht in der BRD der Bundesagentur für Arbeit
[2] Die Begriffe dazu lauten z. B. Online-Coaching, Digitaler Coach, interaktive Rechtsdatenbank. Sie werden intern und extern weiterentwickelt und von B7 präsentiert.

1. Einleitung

Kaum eine Bildungsinstitution oder eine Veranstaltung kann aktuell darauf verzichten das „4.0" zu thematisieren oder den Begriff „Digitalisierung" in den Titel aufzunehmen. Ist Digitalisierung eine Gefahr? Ist sie eine Chance? Ist die Dynamik, die dahintersteht, Schicksal oder gezielt herbeigeführt? Geht es um effizientere Industrie, um die totale Überwachung oder um die nächste große Blase? Laufen die Entwicklungen schon längst hinter unserem Rücken ab und wo existiert noch Platz, diesem Druck zu entkommen? Bleiben unsere Werte auf der Strecke oder gibt es neue Möglichkeiten, miteinander in Kontakt zu kommen, den Alltag zu bewältigen und das Leben zu genießen?

Von umfangreichen gesellschaftlichen und sozialen Veränderungen sprechen Zukunftsforscher und plädieren gleichzeitig dafür, dass Soziale Unternehmen ihre Rolle als Sprachrohr für durch sie betreute Gruppen wahrnehmen sollen. In der Literatur ist das Thema Digitalisierung in Sozialen Unternehmen nur vereinzelt zu finden. Bücher, die zu diesen Themen veröffentlicht wurden, beschäftigen sich vornehmlich mit IT-Themen oder den Auswirkungen von Digitalisierung auf Gesellschaft und Arbeitsmarkt. Wer sich mit Digitalisierung auseinandersetzt, bemerkt zwangsläufig sehr bald, wie umfangreich dieses Thema ist. Je nach Sichtweise streift man dabei unterschiedlichste Fachgebiete und wissenschaftliche Disziplinen.

Die fortschreitende Digitalisierung beeinflusst die Entwicklung der Arbeitswelt und die Lebenswelt unserer Klientinnen und Klienten, Kundinnen und Kunden. Die Nutzung von Nachrichtendiensten, sozialen Medien und Smartphones verändert das Kommunikationsverhalten in unserer Gesellschaft. Unter dem Stichwort Industrie 4.0 werden dramatische Änderungen im Angebot und in der Ausgestaltung von Arbeitsplätzen diskutiert. Diese Phänomene werden Auswirkungen auf unsere eigene Arbeit und auf die Anforderungen an Beratungs- und Betreuungseinrichtungen haben.

Im Zuge von Früherkennungsprozessen des strategischen Managements stellt sich die Frage, inwieweit Digitalisierung auch für Soziale Unternehmen relevant ist. Was bedeutet Digitalisierung in der Sozialwirtschaft? Welche Aufgaben kommen im Zuge der Digitalisierung auf Soziale Unternehmen zu? Welche Auswirkungen hat Digitalisierung auf den Arbeitsalltag von Beraterinnen und Beratern und auf das Management von Sozialen Unternehmen? In welchen digitalen Lebenswelten werden Klientinnen und Klienten, Kundinnen und Kunden in Zukunft leben und welche Teilhabe wird ihnen möglich sein?

Das Autorenteam hat die Erfahrung gemacht, dass die Auswirkungen von Digitalisierung auf Sozialunternehmen zwar häufig thematisiert werden, dass dabei aber immer nur ein oder zwei spezielle Perspektiven eingenommen werden. Die einzelnen Bereiche im Unternehmen fühlen sich in unterschiedlicher Intensität von den Veränderungen betroffen und so entstehen Konkurrenz und Widerstand quer durch alle Unternehmensprozesse, von der Analyse über die Strategieentwicklung bis hin zur Leistungserbringung.

Digitalisierung kann nur verstanden und erfolgreich in das Unternehmen integriert werden, wenn alle Unternehmensbereiche in die Change Prozesse eingebunden werden und eine übergreifende, breit mitgetragene Strategie entwickelt werden kann.

Daher betrachtet dieser Band nicht nur die technischen Aspekte von Digitalisierung auf dem Hintergrund der klassischen Betriebswirtschaft, sondern thematisiert auch Fragen der Personalentwicklung, der Arbeitnehmerperspektive und den – jungen – Fachdiskurs zu diesem Thema in der Profession Soziale Arbeit.

2. Begriffsklärung: Digitalisierung – was ist das überhaupt?

2.1 Begriffe

2.1.1 Digitalisierung

Das Thema Digitalisierung ist in aller Munde. Kaum ein Kongress oder eine Fachtagung, die nicht ohne dieses Thema auskommt. Aber was ist Digitalisierung eigentlich?

Digitalisierung ist die effektive und effiziente Nutzung unterschiedlichster Daten, die im Rahmen der Bearbeitung von Produktions-, Dienstleistungs- und Verwaltungsprozessen generiert werden. Möglich wird die effektive Nutzung durch eine intensive Vernetzung unter Einbezug zunehmend autonomer und miteinander vernetzter cyberphysikalischer Systeme.[3]

Der Fachverband der IT in der Sozialwirtschaft und Sozialverwaltung – FINSOZ e.V. definiert Digitalisierung umfangreicher wie folgt:

„Digitalisierung bezeichnet einen durch technische Innovationen und Technik-Durchdringung getriebenen Wandel aller gesellschaftlichen Bereiche von der Arbeitswelt über die Freizeit bis hin zu sozialen Beziehungen. Sie ist Antwort und Treiber zugleich für verschiedene Prozesse der Individualisierung. Ein zunehmend prägendes Merkmal ist der Ersatz oder die Ergänzung menschlicher Denk- und Kommunikationsleistungen sowie komplexere Handlungen durch Computer oder Roboter."[4]

Digitalisierung ist eine Entwicklung, die nahezu alle Arbeits- und Lebensbereiche erfasst. Sie verändert die bisher bekannten Spielregeln auf Märkten (Wirtschaft), verändert unser Verhalten im Miteinander (Kommunikation) und eröffnet neue Möglichkeiten für die gesellschaftliche Entwicklung durch den allgegenwärtigen Einsatz von Technologie in Form von vernetzten Geräten und Anwendungen. Häufig geschieht ein Technologietransfer digitaler Werkzeuge zwischen Branchen oder auch zwischen Einsatzgebieten – eine Branche erforscht, erarbeitet und setzt Technologien um, die dann in einem anderen Kontext durch andere Branchen verwendet werden; z. B. dienen Erkenntnisse über den Einsatz und die Funktion von Industrierobotern der Entwicklung von Pflegerobotern, Social Media als Marketingtool unterstützt die Fundraisingaktivitäten einer Non-Profit-Einrichtung.

---

[3]   Hackel (2017), S. 28
[4]   FinSoz (2016), S. 2

Der Begriff Digitalisierung ist eine große Klammer über viele Themen, die allesamt diese Entwicklung treiben und/oder die Ergebnis dieser Entwicklung sind. In diesem Buch kommen wir in Berührung mit den Begrifflichkeiten Arbeiten 4.0, Industrie 4.0, Künstliche Intelligenz, Big Data, Chatbots, agiles Management, und viele weitere. Wir erläutern diese im Verlauf dieser Arbeit.

Digitalisierung ist eine Entwicklung, für die spezielle Kompetenzen notwendig sind. Aber: Es ändert sich das, was wir tun, das, wie wir es tun, aber nicht warum wir es tun und für wen.

2.1.2 Information und Daten

Digitalisierung basiert darauf, dass Informationen aller Art in Form von Daten verarbeitet werden können. Korrekt formuliert werden nur Daten verarbeitet. Die Informationen (die Bedeutung der Daten für Menschen) werden in Form von Daten aufbereitet, analysiert und verarbeitet. Das Ergebnis dieses Datenverarbeitungsprozesses ergibt dann bedeutungsgeladene Daten, also Information für die

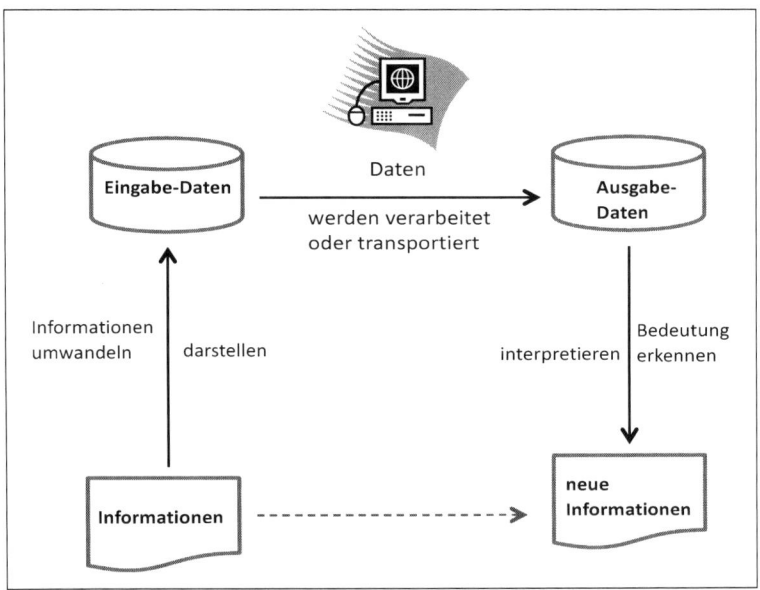

Abbildung 1: Information und Daten [5]

---

[5]   vgl. Gesellschaft für Informatik e.V. (2016)

menschlichen Empfänger.[6] Daten können in riesigen Mengen gesammelt werden und in einer – auch qualitativ – anderen Weise genutzt werden, als wir das mit Informationen im klassischen Umgang mit Wissen über Jahrhunderte gewohnt waren. Siehe dazu auch Abschnitt 2.6.7 Daten sind das Gold des 21. Jahrhunderts.

2.1.3 Sozialwirtschaft/Soziale Unternehmen

Wir verwenden hier den Begriff der Sozialwirtschaft für den gesamten Bereich von Organisationen, die soziale Dienstleistungen erbringen und eine Zweckorientierung im Sinne der Interessen ihrer Mitglieder oder Kunden verfolgen, unabhängig von ihrer Rechtsform und unabhängig davon, ob sie gemeinnützig organisiert sind. Die einzelnen Organisationen in diesem Bereich nennen wir hier Soziale Unternehmen. Diese befinden sich an der Schnittstelle von Gesellschaft, öffentlicher Verwaltung sowie Wirtschaft und deren Ziele dienen mehreren Anspruchsgruppen (Kunde und Zahler einer Leistung sind nicht identisch). Die Debatte über non-profit, social-profit und for-profit wird hier nicht näher betrachtet, würde aber bestimmt auch auf dem Hintergrund der Digitalisierung noch vertiefende Betrachtung verdienen.

2.1.4 Soziale Arbeit/Sozialarbeit/Sozialpädagogik

Das Wortpaar „Soziale Arbeit" meint derzeit im deutschen Sprachraum zumeist die Berufe Sozialarbeit und Sozialpädagogik und zwar sowohl als handelnde Profession wie auch als forschende und lehrende Disziplin. Nicht selten sind auch verwandte Berufe einbezogen. In diesem – erweiterten Sinn – benutzt dieses Buch den Begriff „Soziale Arbeit".

Weiterführende Diskussionen und Differenzierungen erscheinen uns für eine Annäherung an das Thema Digitalisierung – vorläufig – nicht nötig. Die beschriebenen Entwicklungen und Handlungsmöglichkeiten übergreifen diese Berufsfelder, benötigen aber noch weitere vertiefende Analysen.

---

[6]   vgl. Gesellschaft für Informatik e.V. (2016)

2.2 Relevanz

In der Auseinandersetzung mit dem Thema Digitalisierung wurde den Autoren rasch klar: das Thema ist sehr vielfältig und beinhaltet zahlreiche unterschiedliche Aspekte. Carly Fiorina, ehemalige Chefin von Hewlett-Packard, brachte es bereits 2000 auf den Punkt: *„Believe me, if it can be digitized, it will be. This means services interacting with other services – dynamically, on-the-fly. Whole chains of transactions will be electronically brokered, behind-the-scenes, while you do better things with your time."*[7]

Heiko Roehl erläutert im Editorial der Zeitschrift für Organisations-Entwicklung Nr. 3/2015[8] unter dem Titel „Das Jüngste Gericht": *„Die Zeichen sind unübersehbar. [ ] Airbnb hat die Grenze von einer Million Zimmern durchstoßen. Google und Ebay haben Banklizenzen. Die Polizei beginnt, in Predictive Policing-Projekten Verbrechen auf der Grundlage von Big Data vorherzusagen. Eine ganze Generation zieht YouTube inzwischen dem Fernsehen vor. Die wichtigsten deutschen YouTuber haben über drei Millionen Abonnenten, die jede Woche zuschauen. Digitale, soziale Netzwerke haben unsere Lebensgewohnheiten verändert. Die digitale Welt ist längst Wirklichkeit – und sie wird sich weiter entfalten."*

Eine weitere Anwendung der Digitalisierung, die für viel Diskussionsstoff sorgt, ist bereits Gegenwart: die Kryptowährung. In der Schweiz können mit Kryptowährungen Gemeindeabgaben bezahlt werden. Als erste öffentliche Behörde überhaupt akzeptiert die Stadtverwaltung von Zug, im gleichnamigen Kanton, Bitcoin als Zahlungsmittel für Gebühren des Einwohnermeldeamts, die FAZ berichtete im Februar 2018.[9] Dass Kryptowährungen durchaus auch im öffentlichen Bereich einsetzbar sind und mitunter sogar ein vielversprechendes Modell sein können, zeigen also auch staatliche Institutionen. Nicht nur in der Schweiz sind öffentliche Stellen aktiv, auch in Schweden. Schweden geht allerdings noch weiter: Der skandinavische Staat erwägt eine staatliche Kryptowährung.[10]

---

[7]   Fiorina (2000)
[8]   Roehl (2015), S. 1
[9]   Ritter (2018)
[10]   Anwar (2018)

Mit diesen Aussagen und Szenarien wird rasch klar, dass es um mehr geht, als nur IT-Projekte und vorübergehende Produkthypes (wobei an dieser Stelle gesagt sei, dass Hype als Synonym für Höhenflug ein Wort der Digitalisierung ist). Die Durchdringungen des Arbeitsplatzes mit Informations- und Kommunikationstechnologie (IT) und die naheliegende Möglichkeit der Steuerung (die IT hinterlässt Spuren) führen zu einer stärkeren Nutzung der Potenziale von Systemen, Plattformen, o. Ä. Wir digitalisieren also, weil wir digitalisieren können.

Wer sich mit Digitalisierung auseinandersetzt, bemerkt zwangsläufig sehr bald, wie umfangreich dieses Thema ist. Je nach Sichtweise streift man dabei unterschiedlichste Fachgebiete und wissenschaftliche Disziplinen: IT-Sicherheit, IT-Management, Arbeitsmarkt, Strategisches Management, Kundenorientierung, Teilhabe am gesellschaftlichen Leben, Persönlichkeitsrechte, Prozess- und Qualitätsmanagement, Datenschutz, usw.

2.3 Bezugsrahmen

Wir haben nun vorab versucht aufzuzeigen, wie umfangreich und gegenwärtig das Thema Digitalisierung ist. Auch die Autoren standen zu Beginn des B7-Digitalisierungsprojekts an genau derselben Stelle. Wie sich dem Thema nähern? Wie soll sich eine Organisation, deren Kernkompetenzen in der Beratung, Begleitung, Beschäftigung, Betreuung und Bildung von Personen liegen, mit der Vielfalt an Themenfeldern auseinandersetzen? Wie kann eine Transformation hin zu einer digitalisierten Organisation gelingen und wie gelingt es, Mitarbeiterinnen und Mitarbeiter auf diesem Weg mitzunehmen? Zur Reduktion der scheinbaren Komplexität haben die Autoren die Digitalisierung in vier Welten bzw. Sichten unterteilt, wie nachfolgend erläutert wird.

Gehen wir auf die Bedenken ein, dass Digitalisierung die gesamte Organisation auf den Kopf stellen könnte. Friedrich Glasl unterscheidet bei Veränderungen den Anlass und die Tiefe der Veränderung. Diese können von adaptiven Anpassungen wie Wachstum, Verkleinerung, Einführung einer neuen Technologie oder Verbesserung eines Arbeitsprozesses bis hin zu entwicklungsorientierten Umgestaltungen und Erneuerungen, die das ganze System Non-Profit-Organisation betreffen, reichen.[11] Demnach kann die Digitalisierung, abhängig von den angestrebten Veränderungen eine adaptive Anpassung sein, oder zu einer vollständigen Erneuerung des ganzen Systems einer Organisation führen. Deshalb ist es naheliegend, die geplanten Schritte in Teilbereiche zu unterteilen.

Für Anwender der Balanced Scorecard (kurz: BSC) ist diese Art der Aufteilung keine Neuheit. Die Ziele einer Organisation werden in kleinere Unterthemen aufgespalten, um damit eine ganzheitliche Sicht zu erhalten. Die Reduktion vermeintlicher Komplexität soll dabei helfen, den Überblick zu behalten um wirksam steuern zu können.

Der Versuch einer Ordnung ergibt vier zentrale Gruppen von Themen, die in folgender Abbildung 2 dargestellt sind.

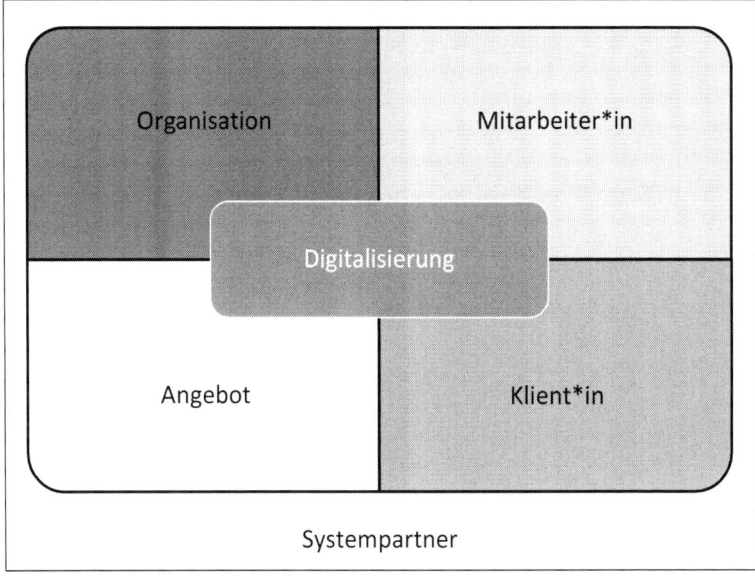

Abbildung 2: Vier Sichten auf Digitalisierung

---

[11]   Glasl (2008), S. 9

Der Vorteil der Unterteilung in diese vier Sichten ist die Einfachheit, die man als Organisation in der Auseinandersetzung mit dem Thema Digitalisierung gewinnt. Auch ist dieses Modell unabhängig von den Handlungsfeldern und Kernkompetenzen des Sozialen Unternehmens zu sehen. Egal ob Beratungseinrichtung im Arbeitsmarktkontext, in der Jugendwohlfahrt, in der Entwicklungshilfe, im Altenheim, in der Flüchtlingshilfe oder als Umweltorganisation – alle vier Felder werden in jeder Organisation durch die Digitalisierung erfasst bzw. können damit auch bewusst gesteuert werden.

Die einzelnen Themenbereiche stellen gleichzeitig abgrenzbare Handlungsräume dar. Jede Sicht hat dabei ihre Schwerpunkte und ihre Ausrichtung. Gleichzeitig entstehen dadurch für die anderen Sichten Anknüpfungspunkte, die für ein weiteres Handeln genutzt werden können.

Die folgenden Kapitel erläutern die Fragestellungen innerhalb dieser vier Themenbereiche noch genauer.

2.3.1 Kundinnen und Kunden

Als Kundinnen und Kunden werden in diesem Buch jene Menschen bezeichnet, die von Einrichtungen der Sozialwirtschaft betreut, beraten oder in anderer Weise unterstützt werden. In der Sozialen Arbeit ist der Begriff Kunde immer wieder in Diskussion.[12] Der Kundenbegriff konkurriert mit anderen Bezeichnungen wie Adressat, Nutzer, Klient, Angehöriger, Patient etc., abhängig von den Rahmenbedingungen in den vielfältigen Handlungsfeldern der Sozialen Arbeit. Diese umfassen auch unterschiedliche rechtliche Grundlagen für den Einsatz digitaler Mittel, etwa ob gesetzliche Vorgaben die Datenverarbeitung regeln (wie im justiznahen Bereich) oder ob rein privatrechtliche Beziehungen zu den Kundinnen und Kunden bestehen (wie in manchen Beratungsstellen). Die Datenerfassung und Weitergabe wird zunehmend in Förderverträgen geregelt, wobei die Datenschutzgrundverordnung 2018 einen neuen und klareren Rahmen dafür absteckt[13].

Kundinnen und Kunden sind in der Sozialwirtschaft nicht immer jene, die den Auftrag zu Aktivitäten geben oder die erbrachten

---

[12]   siehe: Effinger (2017); Knieschewski (2013)
[13]   mehr dazu in Abschnitt 4.6 Das 3-D-Problem: Risikomanagement

Leistungen unmittelbar bezahlen. Daher verwenden wir, je nach Zusammenhang, immer wieder auch den Klientinnenbegriff. Eine scharfe Trennung der Begriffe erscheint uns an dieser Stelle aber weder möglich noch nötig. Wir regen dazu an, auf dem Hintergrund der Digitalisierung diese Begriffe zu überdenken und die tiefgreifenden Veränderungen neu zu reflektieren, die sich durch die massenhafte und zugleich individuelle Einbindung der Nutzer als Datenlieferanten und Produzenten von digitalen Inhalten ergeben. Darauf werden wir in mehreren Kapiteln Bezug nehmen.

Digitalisierung betrifft Kundinnen und Kunden der Sozialwirtschaft zuerst einmal dadurch, dass ihre Daten digital erfasst und verarbeitet werden. Diese Daten können in weiterer Folge zur Einschätzung ihres Betreuungsbedarfs eingesetzt werden. Sie dienen unter Umständen zur Weiterverarbeitung in einer umfangreichen Datenbank, die für weitere wissenschaftliche Erkenntnisse genutzt werden – vor allem im medizinischen Bereich.

Die Erhebung der Kundendaten sowie die Anforderung der Leistung kann digital erfolgen, wie z. B. die Anmeldung zu einem Termin oder der Antrag auf eine Leistung per online-Formular oder Bildschirm in der Behörde.

Kundendaten könnten weiterverarbeitet und weitreichende Folgen für deren Zugang zu sozialstaatlichen Leistungen haben, wie das im Abschnitt 3.5.2 Überwachung und Ressourcenzuteilung ausgeführt wird.

Zum Blick auf die Kundinnen gehört auch die Unterscheidung, wie kompetent sie im Umgang mit digitalen Geräten sind. Viele benutzen Smartphones und andere Geräte im Alltag und können einfache, digitalisierte Aufgaben auch in anderen Zusammenhängen lösen. Dennoch darf nicht unterschätzt werden, wie schwierig es ihnen fallen kann, im digitalen Umgang mit Behörden und Institutionen korrekt vorzugehen ohne sich einen Nachteil zu verschaffen. Außerdem ist zu berücksichtigen, dass bestimmte Bevölkerungsgruppen, z. B. älterer Personen oder Personen mit geringem Bildungsabschluss, von der digitalen Kommunikation ausgeschlossen sein können.[14]

---

[14]   siehe Abschnitt 3.1.2 Digitale Nutzung und Einstellungen in der Bevölkerung

Weitere Aspekte werden in den nachfolgenden Kapiteln noch einmal aufgegriffen und vertieft. Übrigens haben Sie nur als Leser der physischen Ausgabe dieses Buchs die Gewähr, dass kein digitaler Algorithmus „mitliest", d. h. ihr Leseverhalten analysiert. Doch schon die Bezahlung mit Kreditkarte oder ein digitales Kundenkonto Ihrer Buchhandlung dient womöglich schon einer Künstlichen Intelligenz zu hilfreichen Erkenntnissen. Und es kann durchaus sein, dass Sie selbst von diesen gewonnenen Informationen Nutzen ziehen werden.[15]

2.3.2 Produkte und Leistungen

Aufgrund des breit gefächerten Ansatzes dieses Buches, mit dem die gesamte Vielfalt der Sozialwirtschaft angesprochen werden soll, wird unter dem Begriffspaar „Produkte und Leistungen" alles verstanden, was Output einer sozialen Einrichtung sein kann: Beratung, Unterstützung, Vertretung, pädagogische Arbeit, Pflege, Zuerkennung von Geldleistungen durch Sozialbehörden und vieles mehr.

Die Form der angebotenen Leistungserbringung kann wenig, stark oder vollständig in digitaler Form erfolgen, bis hin zu Robotern die die Leistung „maschinell" erbringen. Das reicht von der Onlineberatung mit physischen Beraterinnen über die Zustellung eines Bescheides bis zur Beratung durch eine digitale Maschine, einen Bot, den man nicht ohne weiteres von einem menschlichen Berater unterscheiden kann. In der Pflege und im Operationssaal sind weltweit bereits Roboter mit Erfolg im Einsatz – als Beispiel seien nur das Da Vinci Operationssystem oder der OP-Roboter CASPAR genannt; in Japan werden bereits seit Jahren Pflegeroboter eingesetzt, in Deutschland begegnet einem der Pflegeroboter „Pepper" auf nahezu jeder Alten- und Pflegemesse.

Soziale Organisationen haben begonnen, nicht nur ihre internen Prozesse zu digitalisieren, sondern auch neue Produkte und Leistungen zu entwickeln, die verstärkt digital angereichert sind oder überhaupt auf digitaler Basis erbracht werden. Und auch die Fördergeber

---

[15] Die Möglichkeiten der Digitalisierung sind unglaublich vielfältig, sodass sich die Auseinandersetzung lohnt, um zu erfahren, wo die eigenen Handlungsmöglichkeiten und der persönliche Nutzen liegen. Wir hoffen, dieses Buch hilft Ihnen dabei.

beginnen damit, solche Produkte und Leistungen nachzufragen. Onlineberatung ist inzwischen in vielen Bereichen anzutreffen – wie z. B. von der deutschen Caritas, von Frauenberatungseinrichtungen, von der österreichischen Telefonseelsorge und auch von mehreren Selbsthilfeorganisationen. Die Stadt Wien führt auf ihrer Homepage www.wien.gv.at unter dem Stichwort „Onlineberatung" mehr als 30 Angebote auf. Besonders interessant sind Angebote, die mehrere digitale Kanäle parallel anbieten, um die Schwelle zur Kontaktaufnahme möglichst niedrig zu halten: Onlineberatung (asynchron), Chatberatung (synchron), Telefonberatung und die gleichzeitig eine einfach zu bedienende Sammlung von Themenblöcken bereithalten, die für die Zielgruppe von Interesse sind: wie z. B. www.rataufdraht.at[16] oder „Die dargebotene Hand" in der Schweiz: www.143.ch[17]. Das deutsche Beratungsnetz bietet auch moderierte Gruppenchats[18].

Für Fallanalysen gibt es bereits softwarebasierte Verfahren zur Einschätzung der Arbeitsmarktchancen[19], des Kindeswohls oder zur Rückfallgefährdung von Straftäter/innen[20].

2.3.3 Mitarbeiterinnen und Mitarbeiter

Mitarbeiterinnen und Mitarbeiter sind von den digitalen Veränderungen auf mehreren Ebenen betroffen. So werden zum Beispiel ihre Dienstzeiten und inzwischen auch ihre Reisebewegungen digital erfasst, abgerechnet und in der Praxis vielfach auch schon ausgewertet. In der ambulanten Pflege ist die Wegführung via GPS bereits Alltag. Mit den rechtlichen Regelungen dazu ist die Arbeitnehmervertretung (Betriebsrat, Personalrat, Mitarbeitervertretung) befasst – wenn vorhanden. Auch diese muss sich das erforderliche Know-how, das neben rechtlichem auch technisches Wissen umfasst, erwerben.

---

[16] Rat auf Draht wurde 1987 gegründet und versteht sich als Anlaufstelle bei Problemen, Fragen und in Krisensituationen für Kinder, Jugendliche und deren Bezugspersonen. Trägerorganisation ist 2019 aktuell der Verein SOS Kinderdorf.

[17] Die „Dargebotene Hand" ist ein Zusammenschluss von zwölf lokal und regional verankerten, unabhängigen Organisationen unter einem gesamtschweizerischen Dachverband und bietet Telefonseelsorge.

[18] www.das-beratungsnetz.de

[19] AMS Österreich

[20] Kutscher (2018), S. 1431

Wird auch noch die Form der Leistungserbringung digital erfasst, ergeben sich neue Schnittstellen zu den Datenschutzrechten der Kundinnen und Kunden. Belehrung und Dokumentation zu den Datenschutzrechten nehmen Arbeitszeit in Anspruch und bilden eine Herausforderung in der Abgrenzung jenes Raums, der in Beratungssituation unbedingte Vertraulichkeit erfordert. Die Fachkräfte müssen mit zunehmender Sensibilität in der Datenerfassung vorgehen, da die Weiterverwendung der Daten in anderen als den aktuellen Zusammenhängen nicht überschaubar ist. Einträge in einer Datenbank können – unter bestimmten Voraussetzungen – auch von anderen Behörden eingesehen werden und dort zu unerwarteten Konsequenzen für Klientinnen und Klienten, aber auch für die Berater führen. Beispiele sind etwa die Schnittstelle zwischen Arbeitsmarktverwaltung und Sozialbehörde oder Fremden-/Ausländerbehörde. Doch genauso gut könnte auch eine Förderstelle anfangen, Leistungsparameter der Einrichtung auszulesen oder sich zu errechnen.

Dort wo sich die erbrachten Produkte und Leistungen ändern, führt das auch für die Mitarbeiter zu maßgeblichen Veränderungen. In den Verwaltungsabteilungen sind schon viele Stellen durch die Digitalisierung weggefallen und die verbleibenden Mitarbeiterinnen müssen sich immer rascher auf den Wandel einstellen, Fortbildungen absolvieren und neue Formen der Kommunikation anwenden. Abschnitt 3.4 beschreibt noch weitere Auswirkungen für die Beschäftigten, die durch die gesamtgesellschaftlichen Veränderungen in der Arbeitswelt entstehen.

Damit Mitarbeiter und Mitarbeiterinnen mit Digitalisierung umgehen können, benötigen sie digitale Kompetenzen. Der europäische Referenzrahmen „Europass"[21] – siehe Abschnitt 6.3 – bietet dafür einen guten ersten Ausgangspunkt.

2.3.4 Organisation und Prozesse

Innerhalb der Organisation findet Digitalisierung selbst auch Anwendung. In dieser Sichtweise betrachten wir z. B. wiederholende Prozesse, Freigabeverfahren o. Ä., die sich in IT-unterstützten Prozessen etablieren lassen, um für eine transparentere, einfachere und

---

[21]   siehe Abschnitt 6.2

durchgängige Abwicklung zu sorgen. Digitale Elemente können beispielsweise in der Datenverwaltung und Personalverwaltung einschließlich der Dokumentation von Dienstzeiten und Betreuungszeiten eingesetzt werden; im Pflegebereich sind insbesondere die verpflichtenden Dokumentationsarbeiten zu nennen.

Die Autoren gehen davon aus, dass diese Sicht in Sozialen Unternehmen am weitesten fortgeschritten ist.

Zu dieser Sicht gehört auch das Thema der digitalen Innovation. Wie schafft man, Bestehendes hinsichtlich Digitalisierung zu optimieren? Gerne werden bestehende, analoge Prozesse digital nachgebaut. Dies ist jedoch per se keine digitale Innovation. „Wenn Sie einen Scheiß-Prozess digitalisieren, dann haben Sie einen scheiß digitalen Prozess." Diese wahren, wenn auch deftigen Worte stammen von Jost Gloor vom Pharmaunternehmen Vifor Pharma, der auf den Social Recruiting Days 2016 über Bewerbungsprozesse in deutschen Unternehmen sprach.[22]

Doch die Digitalisierung bringt das Potenzial mit, bestehende Prozesse zu überdenken und mit digitalen Mitteln neue – bessere – Wege zu gehen. Digitales betont den Zugang der Kunden und Mitarbeiterinnen zur Lösung. Im Bereich „Dienstleistungsentwicklung" etwa steht dabei nicht mehr die Ressourcenfrage im Mittelpunkt; Ausgangspunkt ist (oder sollte sein) das Problem eines Kunden bzw. einer Kundin (siehe dazu auch Abschnitt 2.6.5). Innerhalb der Organisation kann Digitalisierung z. B. die Problematik „Vereinbarung von Familie und Beruf" durch Homeoffice-Zeiten günstig beeinflussen.

2.3.5 Einbindung des Sozialen Unternehmens

Der oberhalb vorgestellte Referenzrahmen ist der Versuch einer vereinfachten Darstellung, wo Digitalisierung ansetzen kann. Durch diese Sicht wird der Blick auf wirksame Maßnahmen ermöglicht, weil dadurch die eigenen Themenfelder im Fokus bleiben. Viel zu leicht verliert man in der digitalisierten Welt den Überblick über die Themen, die den Kern der eigenen Organisation betreffen. Doch lässt die Unterteilung in die vier Sichten (siehe vorne Abbildung 2) bewusst ein paar Fragen offen.

Denn nicht nur die innere Sicht ist eine bedeutsame Voraussetzung für Digitalisierung. Diese findet darüber hinaus sowohl sachlich, als

---

[22] Roedenbeck Schäfer (2017), S. 22

auch räumlich statt. Sachlich bedeutet an dieser Stelle – betriebswirtschaftlich betrachtet – die Nutzung von Digitalisierung zur Leistungserbringung in den Prozessen. Die sachliche Orientierung ist
daher im Vier-Sichten-Modell zu finden:

> Die Nutzung von Digitalisierung, um den Kundinnen und Kun-
> den digitalisierte (Dienst-)Leistungen anzubieten, die von digital
> kompetenten Mitarbeitern in einer digital unterstützten Arbeits-
> umgebung ausgeführt werden.

Die Betrachtung von räumlichen Voraussetzungen, im Vier-Sichten-
Modell Systempartner genannt, sollte auch versucht werden, da die
ursprüngliche Definition anhand von Ländergrenzen in Zeiten von
Internet nicht mehr ausreicht. Das Internet ist global und endet
nicht an Bezirks-, Länder-, Staats- oder Fördergrenzen.

Organisationen der Sozialwirtschaft sind meist stark vernetzt tätig.
Um für Kundinnen und Kunden die bestmögliche Leistung erbringen zu können bedarf es, abhängig vom Tätigkeitsfeld, zumeist eines
vernetzten, fachlichen Ansatzes (siehe z. B. Case Management). In
Überlegungen zur Digitalisierung müssen daher auch räumliche
Aspekte einbezogen werden. Dabei können folgende Fragestellungen hilfreich sein:

1. Wo befindet sich eine Organisation? Welche Nachbarn gibt es?

   Es macht einen Unterschied, ob eine Organisation z. B. in einer
   ländlichen Gegend angesiedelt ist oder in städtischen Gebieten.
   Die Bedürfnisse von anderen Mietern eines Areals oder Gebäudes
   sowie die Möglichkeiten der Infrastruktur (z. B. Verfügbarkeit
   der Internetbandbreite), die Nähe zu einer (fachlich verwandten)
   Hochschule oder die Nachbarschaft zu einem IT-Unternehmen
   können für Impulse zur Digitalisierung sorgen. Der Blick über den
   Tellerrand muss nicht immer proaktiv geschehen.

2. Wie ist die Organisation vernetzt oder eingebettet?

   Wohlfahrtsverbände, Interessensgemeinschaften und -vertre-
   tungen, Fachverbände, Berufsvereinigungen sowie die Vernetzung mit den Leistungsermöglichern sind ebenfalls ein Anstoß
   für die Digitalisierung.

3. Wie werden Informationen und Entwicklungen antizipiert?

   Zuletzt bleibt noch eine weitere, wichtige Quelle für Möglichkeiten der Digitalisierung. Auf welchem Weg und wie können

Informationen, die bei der Digitalisierung hilfreich sind, in die Organisation gelangen, sodass diese Informationen genutzt werden können? Im Abschnitt 4.2 wird erwähnt, dass es Sozialen Unternehmen schwerfällt, sich mit systematischer Früherkennung und Monitoring von künftigen Entwicklungen auseinanderzusetzen. Die Digitalisierung ist zwar schon Gegenwart – welche Anwendungen, Angebote es bereits gibt und welche Optionen man als Organisation hat, sollte aber regelmäßig betrachtet werden.

Beispiel:

B7 Arbeit und Leben ist ein regionaler, österreichischer Träger von Angeboten für Menschen, die sich in schwierigen Situationen des Arbeits- oder Familienlebens befinden. Angebote werden von Fördergebern und Spenden finanziert. Die Kernleistungen bestehen in der Beratung, Betreuung, Beschäftigung und Information von Arbeit suchenden oder von Arbeitslosigkeit bedrohten Menschen.

Der Vereinssitz, das Beschäftigungsprojekt „B7 Fahrradzentrum" sowie das Beratungsangebot „B7 Pensionsberatung" befinden sich in der Landeshauptstadt Linz am Areal der Tabakfabrik Linz. Die Tabakfabrik ist eines der bedeutendsten Industriegebäude Europas und wurde nach der industriellen Schließung von der Stadt Linz übernommen, welche daraus eine kreative Umgebung für Pioniere jeder Art machte. Die Tabakfabrik erhebt den Anspruch, ein Ort zu sein, der neue Impulse nicht nur für sich selbst, sondern für die ganze Stadt generiert.[23]

B7 ist Teil dieses Biotops an Organisationen, die alle gemeinsam in der Tabakfabrik tätig sind. Nicht wenige Start-Ups beschäftigen sich hier mit allen möglichen Aspekten der Digitalisierung. Ein regelmäßiger Newsletter, Veranstaltungen, Mieterstammtisch sind somit Quellen für Informationen, die B7 für die eigene Transformation nutzen kann.

Informationen werden von den Personen in die jeweiligen Strukturen eingebracht, ein eigenes agiles Besprechungsformat beschäftigt sich ausschließlich mit Ideen und neuen Möglichkeiten.

---

[23]   Näheres zur Tabakfabrik Linz unter: https://tabakfabrik-linz.at/

2.4 Meilensteine der Digitalisierung

Beginnen wir mit einem Streifzug durch die Geschichte anhand einiger Meilensteine der Digitalisierung[24], [25], [26]:

Meilensteine der Digitalisierung	
1941	Erster Digitalrechner der Welt: Konrad Zuse und Helmut Schreyer
1943	Thomas J. Watson (IBM); „es gibt einen Markt für 5 Computer weltweit"
1952	Erster Computer in Serie: Modell 701
1963	Erfindung der Digitalkamera
1971	Die erste E-Mail wird versendet
1972	Erster Spielautomat und erste Spielkonsole
1975	Erster Heimcomputer: Altair 8800
1976	Gründung von Apple: Apple „I" kommt auf den Markt
1982	Der seinerzeit erfolgreichste Computer kommt auf den Markt: Commodore 64
1983	Erste ökonomische Krise: die Blase der IT-Spiele platzt
1985	Super Mario läuft los
1989	Tim Berners-Lee entwickelt am CERN die Grundlagen des World Wide Web (www), also das, was heute als „Internet" bezeichnet wird
1990	Internet wird kommerziell, über die Universitäten hinaus, nutzbar gemacht.
1992	Erster Touchscreen auf einem Handy
1993	Der erste grafikfähige Webbrowser wird veröffentlicht, der die Darstellung von Inhalten des WWW (World Wide Web) ermöglichte.

---

[24] Lenz (2017)
[25] Bundesministerium für Digitalisierung und Wirtschaftsstandort (o.D.)
[26] Neugebauer (2018), S. 1 ff.

1994	Veröffentlichung von Windows 95 als erstes vollständiges grafisches Betriebssystem; MS-DOS wird damit vollständig vom Markt verdrängt
1995	Internet für Privathaushalte und Geschäftskunden aufgrund der rasanten Verbreitung des Internet Explorers von Microsoft
	Richtlinie 95/46/EG des Europäischen Parlaments und des Rates zum Schutz natürlicher Personen bei der Verarbeitung personenbezogener Daten und zum freien Datenverkehr („Datenschutzrichtlinie") wird verabschiedet.
	Amazon verkauft das erste Buch über das Netz
	eBay startet als Plattform für Internet-Auktionen
1996	Google wird geboren
1998	PayPal wird gegründet
1999	Offizielle Einführung von Elster als Verfahren zur elektronischen Übermittlung von Einkommensteuererklärungen in Deutschland
2000	Dotcom-Blase platzt: Börsencrash
2001	Wikipedia wird gegründet
2003	Skype wird eingeführt
	finanz-online startet (eServices des österreichischen Bundesministeriums für Finanzen)
2004	Facebook wird gegründet
	In Österreich ist die Bürger*innenkarte verfügbar (amtlicher Ausweis im elektronischen Verwaltungsverfahren)
2005	YouTube startet
	In Österreich wird die eCard eingeführt (personenbezogene Chipkarte des elektronischen Verwaltungssystems der österreichischen Sozialversicherung)
2006	Start von Twitter
2007	Apple revolutioniert die Handywelt mit dem iPhone
2009	Start von WhatsApp

2010	Ausgabe des elektronischen Personalausweises mit einem Chip in Deutschland
2012	Das erste Mal wird autonomes Fahren auf öffentlichen Straßen getestet Facebook kauft Instagram
2014	Erste Generation von 3-D-Druckern erobert Privathaushalte
2016	In Dubai entsteht das erste Haus aus einem 3-D Drucker
2018	Datenschutzgrundverordnung ist seit 25. Mai 2018 europaweit gültig und löst die bisherige Richtlinie aus 1995 ab
2018	(Stand: Oktober 2018) 2,3 Milliarden Facebook-Nutzer weltweit 1,2 Milliarden WhatsApp-Nutzer weltweit 1 Milliarde Instagram-Nutzer weltweit 326 Millionen Twitter-Nutzer weltweit 186 Millionen Snapchat-Nutzer weltweit

Abbildung 3: Meilensteine der Digitalisierung

Die obige Auflistung beinhaltet sowohl globale, als auch nationale Meilensteine der Digitalisierung und könnte beliebig erweitert werden. Auffällig ist, dass ab ca. 1996–1998 das Tempo, in dem Neuerungen in der digitalen Welt die analoge Welt beeinflussen, deutlich zugenommen hat. Die Beschleunigung verdichtet sich ab ca. 2005. Die digitalen Global Player sind zumeist noch nicht einmal 20 Jahre alt.

Viele Entwicklungen waren nur möglich, weil in den letzten Jahrzehnten analoge Anwendungen in die digitale Welt umgezogen sind: Sensoren wie Mikrofone, Kameras oder Beschleunigungsmesser in Tablets.[27]

Seit Mitte der 90er, als das Internet für Privathaushalte zugänglich wurde, entstehen Dienstleistungen für Internetnutzer. Einige der so genannten „Internetriesen" waren von Beginn an dabei. Dies könnte

---

[27] Brynjolfsson/McAffee (2014), S. 67

auch die steigende Durchdringung des Alltages mit digitalen Anwendungen erklären.

Auf die Frage, wann nun das Zeitalter der Digitalisierung begonnen hat, gibt es also keine eindeutige Antwort. Fest steht, dass ohne die Grundlagen, wie z. B. die Entwicklung des Computers und dessen Nutzung in jedem Haushalt, wir uns heute nicht dem Thema Digitalisierung widmen würden.

Entwicklung ist immer ein Fortschreiten in der Zeit. Heute schon absehbar sind:

- 3-D-Drucker in jedem Haushalt

- Unsere Geräte werden intuitiver, sie lernen selbst und nehmen uns manches (auch Arbeit) ab, Assistenzsysteme (wie z. B. Alexa) gehören zum Alltagsleben

- Das Internet und die Wirklichkeit rücken zusammen: augmented reality

Der Digitalisierungsprozess der Arbeitswelt lässt sich in zwei Phasen unterteilen. In den 1980er Jahren wurden Büros und Fabrikhallen mit programmgesteuerten Geräten ausgestattet. Diese waren für sich alleine, konnten nicht auf direktem Weg miteinander kommunizieren, unterstützten aber den Arbeitsprozess als digitales Arbeitsmittel. In den 1990ern folgte dann als zweite Phase die Vernetzung der Geräte. Nicht nur intern wurde vernetzt, auch nach außen (mit dem Internet, anderen Firmen, Lieferanten, etc.). Mittlerweile sind digitale Werkzeuge und Medien zum markanten Merkmal der täglichen Arbeit geworden.[28]

2.5 Digitalisierung als (R)Evolution

Vielfach wird Digitalisierung als 4. industrielle Revolution bezeichnet. Daher auch der Name „4.0". Ob wir von Revolution oder Evolution sprechen, wird breit erforscht. Fest steht, dass Digitalisierung viele Umwälzungen mit sich bringt, die unsere Arbeits- und Lebensweisen stark beeinflussen (werden). Wir werden erst in der Zukunft sagen können, ob Digitalisierung eine Revolution ist. Heute betrachten wir die nachstehenden Belege jedenfalls als Evolution. Aber warum?

---

[28] Ahrens/Gessler (2018), S. 167

Verände-rungen	1. industrielle Revolution (18. Jh.)	2. industrielle Revolution (Anfang. 20. Jh.)	3. industrielle Revolution (Anfang 1970er Jahre)
Techno-logischer Wandel als Auslöser/ Voraus-setzung	Dampf-maschine, mechanischer Webstuhl, Eisenver-arbeitung	Verbrennungs-kraftmotor, Elektrizität und Elektronik, Kunststoffe, Fließband	Mikroelektronik, Informations- und Kommuni-kations-technologie, Automatisierung der Produktion durch Elektronik und IT
Auswirkungen/ Veränderungen: • Arbeits- und Sozialord-nung • Energie-versorgung • Verkehr/ Kommuni-kation • und/oder Politik	• Schlag-artiges Bevöl-kerungs-wachstum • Eisenbahn/ Telegrafie • Anwachsen der Kluft zwischen Arbeiter-schaft und Kapitalisten	• Sinkende Produktions-kosten • Anstieg des Einkommens • Öl und Kernkraft • Auto, Flugzeug, Radio	• Rationali-sierung • Weltweite Vernetzung der Gesell-schaft • Erneuerbare Energien und Energie-effizienz • Personal Computer, Mobilfunk, Internet
Gesellschafts-wandel	Gewerkschaften, Gewerbefreiheit, Rechtsstaat, Übergang zu bürgerlicher Gesellschaft	Massenpro-duktion und -gesellschaft, Parlamenta-rische Demo-kratie und Sozialstaaten	Globalisierung, Zivilgesell-schaft, Wandel noch nicht abgeschlossen

Abbildung 4: Die industriellen Revolutionen[29]

---

29   Barthelmäs et al. (2017), S. 41

Betrachtet man heute den digitalen Wandel, so könnte dieser einfach als Fortsetzung der technologischen Entwicklung verstanden werden. So, als ob sich die Dinge Schritt für Schritt ändern. Allerdings gibt es auch viele Expertinnen und Experten, die davon ausgehen, dass manche Veränderungen „disruptiv" sind, das heißt, sie führen zu radikalen Veränderungen, sodass ganze Berufsgruppen sterben, neue entstehen und gesellschaftliche Bereiche grundlegend neu gestaltet werden. Als Beispiel kann die Erfindung des Buchdrucks dienen, aber auch die Verbreitung von PCs sowie die Verbreitung des Internets.

Was unterscheidet eine digitale Revolution von einer digitalen Evolution? Barthelmäs et al. untersuchten, ob Industrie 4.0 eine industrielle Revolution im Ausmaß der letzten drei industriellen Revolutionen darstellt.[30] Dazu stellen sie die bisherigen industriellen Revolutionen der allgemeinen Definition einer Revolution gegenüber. Daraus leiten sie Kriterien für die Einordnung von Industrie 4.0 ab. Barthelmäs et al. kommen zu dem Schluss, dass es sich bei Industrie 4.0, nach Argumentation ihrer Arbeit, zum derzeitigen Stand nicht um eine industrielle Revolution handeln kann.

Bei Technologien, die mit Industrie 4.0 in Verbindung gebracht werden, handelt es sich um Weiterentwicklung von Technologien, die bereits im Rahmen der dritten industriellen Revolution Einzug hielten. Die eingesetzten Produktionsmittel sind somit nicht ganz neu. Auch ist noch kein Gesellschaftswandel durch Industrie 4.0 erkennbar. Schlussfolgerung aus dieser Argumentation ist, dass Industrie 4.0 vielmehr als Evolution bezeichnet werden kann.

Die Frage bleibt offen, ob es andere als in der Arbeit von Barthelmäs et al. genannte Kriterien geben muss, nach denen Industrie 4.0 als eine (industrielle) Revolution gewertet werden kann.

Eine andere Herangehensweise an die Beurteilung von Digitalisierung als (R)Evolution liefert die Arbeitssoziologin Sabine Pfeiffer. In ihrer Diskursanalyse beschreibt sie, dass es „die" Industrie 4.0 nicht gibt. Fragen der Wirtschaftlichkeit, der Komplexität von Produkten, der Wertschöpfungskette und bereits vorhandener Produktionstechnologien sind die zentralen Faktoren, wenn es um die Potenziale der Umsetzung neuer Technologien geht. Pfeiffer zufolge haben nicht primär die technischen Möglichkeiten Industrie 4.0 in Gang

---

[30] Barthelmäs et al. (2017), S. 33 ff.

gebracht, sondern die Eliten der Wirtschaft. Diese sehen in Industrie 4.0 relevante ökonomische Notwendigkeiten und kommunizieren dies effizient.[31] *„Wir haben es, diskursanalytisch gesprochen, mit einem Fall erfolgreicher Öffentlichkeitsarbeit zu tun."*[32] Werden wir also ein Opfer einer gut durchdachten, breit kommunizierten und erfolgreich umgesetzten Marketingstrategie?

Die Autoren Ahrens und Gessler beschreiben in ihrem Beitrag „Von der Humanisierung zur Digitalisierung: Entwicklungsetappen betrieblicher Kompetenzentwicklung" den Werdegang des Begriffs „Industrie 4.0" in Deutschland mit den daran beteiligten Akteuren.[33] Sie stellen fest, dass Industrie 4.0 als Begriff eine rasante Begriffskarriere hingelegt hat. Sie vergleichen diese Begriffskarriere mit Luhmanns Begriff der „preadaptive advances". Dieser Begriff beschreibt, wie ein Phänomen zunächst als semantische Erfindung in Diskussionen eingeführt wird. Durch Wiederholungen und Bezüge zu vorhandenen Prozessen überlebt das Phänomen und neue Akteurskonstellationen werden provoziert (Arbeit 4.0, Bildung 4.0, Sozialwirtschaft 4.0). Erst später entfaltet das Phänomen handlungswirksame und strukturelle Funktionen, die bei der Einführung noch nicht vorhanden oder absehbar waren.

Digitalisierung scheint also (noch) keine Revolution zu sein – zumindest keine solche, die wir mit bisherigen Mitteln und Methoden messen und beurteilen können. Auch mischt hier die Industrielastigkeit unserer globalisierten Wirtschaftssysteme mit. Die stete exponentielle Weiterentwicklung (Möglichkeiten der Datenspeicherung und der Kommunikation, die Verbreitung von Geräten, die den Internetzugang ermöglichen) hat uns in eine Zeit katapultiert, in der alles, was früher war, kein verlässlicher Indikator mehr dafür ist, was als Nächstes passiert.[34] Die Zukunft wird zeigen, ob diese Einschätzung korrekt war.

2.6 Merkmale von Digitalisierung

Von einem Landstrich südlich von San Francisco, in dem zahlreiche Technologiebetriebe angesiedelt sind, ging der entscheidende Impuls zur Digitalisierung aus. Das Silicon Valley ist Heimat der großen Internetriesen.

---

[31] Pfeiffer (2015), S. 6
[32] Pfeiffer (2015), S. 6
[33] Ahrens/Gessler (2018), S. 158 ff.
[34] Brynjolfsson/McAffee (2014), S. 72

An dieser Stelle können wir nur auf einige besonders interessante Merkmale der Digitalisierung hinweisen. Vieles davon wird breit diskutiert und es gibt keine einheitliche Einschätzung. Und genau dieser fluide Wissensstand ist schon das erste Merkmal: alle Erkenntnisse sind vorläufig und unvollständig – und das wird als Selbstverständlichkeit angenommen und als Chance genutzt – und viel weniger als Nachteil gesehen. Einige **Grundhaltungen und Merkmale** jener Generation, die den digitalen Wandel vorantreibt, sind:

- Freiheit, Individualität und Anpassung von Dingen an die eigenen Bedürfnisse
- alles darf hinterfragt und kritisiert werden
- Integrität und Offenheit von Unternehmen gelten als Qualität
- alle sind mit allen verbunden – auch mit den Freunden der Freunde
- spielerische Zugänge zu Bildung, Arbeit und Freizeit
- sie lieben Geschwindigkeit und Innovation

Diese Zugänge kennzeichnen dann auch die Produkte, die in diesem Umfeld entstehen – und sie verändern maßgeblich den Prozess, wie ein Produkt hergestellt wird.

2.6.1 Kundenorientierung

Durch das Internet ist das Wissen von Milliarden von Menschen erreichbar. Das hat unter anderem auch zur Folge, dass Unehrlichkeit, Unfreundlichkeit oder „Wurstigkeit" gegenüber Reklamationen rasch bestraft wird, wenn das Thema für eine ausreichende Anzahl an Konsumenten interessant genug ist (Stichwort: Shitstorm).

Beispiel:

Berühmt wurde die Dell-Hell: Dell nahm Reklamationen eines Kunden, der Journalist und Blogger war, nicht ernst. Der Blogger beschrieb daraufhin seinen Frust über den Kundenservice und die Produkte von Dell. Die Story ging viral, erreichte über Weitergabe und Verlinkung ein immer größer werdendes Publikum. Letztlich berichteten die Massenmedien. Für dieses Debakel musste Dell hohes Lehrgeld bezahlen. Die Verkäufe und die Aktienkurse sanken, das Image war stark angeschlagen.

Fazit: Nicht nur aus moralischen Überlegungen ist im Zeitalter der Digitalisierung **der Ehrliche der Schlaue.**

Eine zentrale Erfolgsregel lautet: Finde ein Problem der Menschen, das sich mit Informationstechnologie besser lösen lässt, und konzentriere dich bei der Lösung ausschließlich auf die Bedürfnisse deiner zukünftigen Kunden.

Die konsequente Ausrichtung auf die **Benutzerfreundlichkeit** führt dazu, dass häufig erst Beta-Versionen erstellt werden und dann lässt man diese von einer großen Zahl von Menschen ausprobieren (testen). Nimmt man die Rückmeldungen ernst, führt das zu Ergebnissen, die einem Expertenteam so nicht einfallen würden. Beachte zum Beispiel, dass Google zwar maßgeblich von Werbung lebt, aber auf der Startseite niemals Werbung auftaucht.

Ein weiteres Merkmal von Digitalisierung wird sichtbar: **Digitales als maximaler Kundennutzen.** Aus dieser Vorgehensweise sind Lösungen erfolgreich, die möglichst einfach sind und die dort vorhanden sind, wo ich gerade bin.

In diesem Zusammenhang findet eine neue Form der Organisation und des Projektmanagements in der Sozialwirtschaft Einzug: Die agile Organisation. Um mit den ständigen Veränderungen als Teil eines Systems, aus dem das Produkt/die Dienstleistung entsteht, umgehen zu können, werden bisherige Maßstäbe über Bord geworfen und durch flexiblere Herangehensweisen ersetzt. Die kontinuierliche Verbesserung und Anpassung an die gesetzten Ziele, an die realen Anforderungen und Einflüsse aus der Umgebung, werden viel stärker im Handeln berücksichtigt.

Jene Organisationen, die festgeschriebene, starre Spielregeln durch werteorientiertes, situationsangepasstes Handeln und Entscheiden ersetzen, haben agile Grundsätze für sich entdeckt. Sie ebnen damit den Weg für Dienstleistungen, die von klassischen Organisationen als disruptiv wahrgenommen werden. Denn im Fokus der agilen Organisationen steht am Ende immer der Kunde/die Kundin mit seinen/ihren Bedürfnissen und Erwartungen, denen durch neue Methoden besser entsprochen wird.

Um etwas Essig in den Wein der „Agilität" zu schenken: Für Softwarefirmen, die Keimzelle des agilen Arbeitens sind, ist es normal, nicht vollständig gereifte Produkte auf den Markt zu werfen, von den Kunden nutzen zu lassen, auf Reklamationen und Kritik zu reagieren und diese mit Updates aufzugreifen und das Produkt zu verbessern. Wenn man allerdings an schon aktuelle „Zukunfts"-Szenarien wie autonomes Fahren denkt, darf man bei dieser Arbeitsmethode durchaus auch nachdenklich werden.

Den Sozialen Unternehmen kommen agile Organisationsformen und Arbeitsweisen sehr entgegen: Sie sind die stärkste kundenorientierte Organisationsstruktur, weil sie die Loyalität der Mitarbeiter gegenüber dem Kunden mehr fördert als die Loyalität gegenüber der Hierarchie.[35] Soziale Unternehmen sind dazu da, dem Menschen zu helfen – agile Organisationsformen tun das auch.

2.6.2 Skalierungseffekte

Durch die massenhafte(!) Anwendung lässt sich auch mit Kleinstbeträgen richtig viel Geld verdienen; wir können dies erahnen, wenn wir uns in den App-Stores 99 Cent-Spiele anschauen und gleichzeitig deren Download-Zahlen (kritische Masse an Nutzungsaktivität). Und dieser Effekt wird verstärkt, indem die Kunden dazu animiert werden, freiwillig und ohne Not Informationen[36] zur Verfügung zu stellen und an der Verbreitung der Information und Kommunikation mitzuwirken. Das Prinzip dazu nennt sich: **Aal = Andere arbeiten lassen.**

Beispiel:

Google Adwords ist eine Webanwendung, die nach dem Prinzip Aal funktioniert. Google stellt dieses Werbetool zur Verfügung. Der Anwender (Werbekunde) selbst macht die Arbeit, stellt seine Werbung ein, beschlagwortet diese, textet diese, fügt Abbildungen dazu. Die Anwender bestimmen auch Budget und Preis, der sich pro Klick im Centbereich bewegt. Für Google entsteht kein Aufwand. Google mischt sich auch nicht ein, was beworben wird – dies überlässt er der Freiheit der Anwender. Google verdient aber pro Klick mit. Den Anwender kostet die Werbeanzeige in Google nur einige Cents pro Klick, für Google summiert sich dies in Millionenhöhe, weil längst eine kritische Masse an Werbekunden erreicht ist.

---

[35] Häusling/Kahl (2018), S. 63
[36] beachte dazu die Ausführungen über Daten und Informationen in Abschnitt 2.1.2

Bekannt auch unter dem Begriff „Web 2.0" begann Anfang der 2000er Jahre die Verbreitung von Webanwendungen, die dadurch zu leben begannen, dass Benutzer diese mit Daten fütterten. Blogs als prominenteste Vertreter dieser Zeit werden seither wie öffentliche Tagebücher geführt. Kochblogs, Reiseblogs, sogar Wissenschaftler bloggen ihre Ergebnisse um sie einem breiteren, nicht-wissenschaftlichen Publikum zugänglich zu machen. Über „Mein Europa" schreibt Wolfgang Schmale auf wolfgangschmale.eu und behandelt damit Themen wie die europäische Identität oder erklärt anhand privater Gegenstände die europäische Geschichte. doingthingswithdata.wordpress.com ist ein Blog von Axel Polleres vom Institut für Informationssysteme der Wirtschaftsuniversität Wien und erklärt bzw. erläutert Themen rund um Datenschutz und Big Data. Es gibt von diesen Blogs noch unzählige weitere im deutschsprachigen Raum.

Das Erstaunliche daran ist, wie Erik Brynjolfsson und Andrew Mc Affee formulieren, wie viele Menschen bereitwillig Zeit opfern, um Online-Inhalte zu produzieren, ohne dafür Geld zu verlangen. Die Produktion von Information ist billig, von der Erstellung einer Kopie ganz zu schweigen.[37]

Das heutige Internet wäre ohne ein Web 2.0 nicht mehr vorstellbar. Facebook, Twitter – alle sozialen Medien leben vom Content (veröffentlichten Inhalt) ihrer Nutzerschaft. Aber nicht nur der Content ist interessant, auch die Menge der Daten, die dabei produziert werden. Im Juli 2018 hatte Facebook 1,47 Milliarden Nutzer, die jeden Tag aktiv auf Facebook waren[38]. Schriebe jede/-r von ihnen nur das Wort „Jetzt", so wären dies 1,47 Milliarden (1.470.000.000) Einträge. Die Anzahl der Wörter in der katholischen Bibel liegt bei 738.765. In unserem Beispiel tragen alle Facebook-Nutzer durch das einmalige Schreiben des Wortes „Jetzt" dazu bei, 50 Bibeln zu verfassen, die nur das Wort „Jetzt" beinhalten. Alle aktiven Facebook-Nutzer schreiben aber mehr als ein Wort pro Tag. Die Menge der produzierten Inhalte nur auf einer einzelnen Plattform ist enorm.

Nicht nur durch die aktive Nutzung von Plattformen produzieren wir massenhaft Inhalte. Die Nutzung selbst hinterlässt unzählige

---

[37] Brynjolfsson/McAffee (2014), S. 81
[38] https://allfacebook.de/toll/state-of-facebook

Spuren, die als Daten weitere Verwendung finden, z. B. welchen Inhalt auf einer Webseite haben wir uns angesehen, welches Buch haben wir gekauft oder, ob wir uns für das aktuelle Wetter in einer bestimmten Region interessieren.

2.6.3 Gemeinsam individuell

Menschen, die in der digitalen Branche arbeiten, bevorzugen eine sehr offene Zusammenarbeit mit vielen anderen – mit denen sie direkt oder indirekt, durch persönlichen Kontakt oder online – verbunden sind. Sie tauschen sich aus, leihen einander Informationen und beschaffen sich Informationen in der „crowd". Und sie rechnen damit, jede Art von Unterstützung in der crowd erhalten zu können – auch finanziell. „crowd" gehört zu den Begriffen, an denen man in der digitalen „community" nicht vorbeikommt.

Die Theorie der Weisheit der Vielen – „wisdom of the crowds" prägte James Surowiecki im gleichnamigen Buch. Zusammengefasst besagt seine Theorie, dass Gruppen klüger sind als Einzelne und das Wissen einer Gruppe damit Wirtschaft, Gesellschaft und Nationen beeinflusse. Oft wird in diesem Zusammenhang auch der Begriff der Schwarmintelligenz gebraucht.[39]

Beispiele für die Umsetzungsstärke der „crowd" lassen sich viele finden. Große Gruppen Freiwilliger programmieren seit vielen Jahren in und an Open Source-Projekten. In diesen Projekten werden Anwendungen entwickelt, die uns als Nutzer in der täglichen Arbeit unterstützen. Das prominenteste dieser Projekte im Bereich der Internetwelt ist Mozilla mit dem wohl berühmtesten freien Browser der Welt: Mozilla Firefox.[40] Wikipedia ist als ein weiteres Beispiel zu nennen.

Öffentliches Interesse erweckte im deutschsprachigen Raum das sogenannte „Lex Staudinger". Heini Staudinger ist ein österreichischer Unternehmer, der 1984 in einer verarmten, strukturschwachen Region Österreichs eine bis heute erfolgreiche, selbstverwaltete Schuhwerkstatt eröffnete. 2013 forderte er die österreichische Finanzmarktaufsicht heraus: Er lieh sich knapp 3 Millionen Euro zur Finanzierung einer Photovoltaikanlage und einer Lagerhalle von

---

[39]   Surowiecki (2005)
[40]   siehe https://www.mozilla.de/

Privatpersonen.[41, 42] Das Konzept nennt sich **„Crowdfunding"** und ist nicht neu, hat aber seither in der österreichischen Legislatur seinen Platz gefunden.

Für Crowdfunding in der Sozialwirtschaft/im Gemeinwohlwesen gibt es mittlerweile einige Plattformen im deutschsprachigen Raum.

Beispiele:

- Gemeinwohlprojekte: https://www.gemeinwohlprojekte.at/crowdfunding-fuer-gemeinwohl/
- Respekt: https://www.respekt.net/crowdfunding-fuer-eine-bessere-gesellschaft/
- Startnext: https://www.startnext.com/
- Leetchi: https://www.leetchi.com/de/crowdfunding
- betterplace: https://www.betterplace.org/de
- Lokalhelden: https://www.lokalhelden.ch/

Zu unterscheiden ist zwischen „crowdfunding" und „crowdinvesting" – Das Konzept des „Crowdfunding" wird natürlich mittlerweile auch von gewinnorientierten Beteiligten genutzt. Dient das Investment keinem sozialen Zweck bzw. ist dieses gewinnorientiert, so spricht man von „crowdinvesting".

2.6.4 Das neue Verständnis von „smart"

Noch vor 15 Jahren wäre es undenkbar gewesen, Gegenstände, die unser tägliches Leben und Tun verbessern, so „intelligent" zu machen, dass wir sie unmittelbar und einfach von überall auf der Welt nutzen können. Wir sitzen am Strand und starten über Fernzugriff zu Hause den Staubsaugerroboter, sodass bei unserer Rückkehr der Wohnraum sauber ist. Wir sitzen in der Straßenbahn und bekommen eine Nachricht, dass die Photovoltaikanlage genügend Strom produziert, um die Waschmaschine zu starten. Wir steigen ins Auto ein und melden unserem Backrohr: „Starte Heißluft bei 180° Celsius". Unsere Armbanduhren sagen uns, dass wir letzte Nacht nicht genügend Tiefschlaf hatten und sich unsere sportliche Leistung

---

[41]   Sussitz (2018)
[42]   siehe https://gea-waldviertler.de/unternehmen/geschichte/

allmählich steigert – nicht zuletzt deshalb, weil wir die täglichen Schritte erheblich gesteigert haben; das meldet zumindest die App, die das für uns überwacht.

Das Erstaunliche daran: Es funktioniert. Unser Zuhause ist sauber (neue Modelle sind sogar schon in der Lage den Boden zu wischen), die Wäsche ressourcenoptimiert gewaschen und der Braten auch ohne unsere Anwesenheit in der Küche durchgebraten. Unser Gesundheitsbewusstsein ist gestiegen. Die Ausstattung unserer Wohnräume mit Chips in Kombination mit einer Verbindung zum Internet hat unser Zuhause intelligent werden lassen. Das sogenannte **Smarthome** gehört mittlerweile zum Standard in der Errichtung von Wohngebäuden. Ein Smarthome soll uns helfen, unsere Ressourcen besser zu nutzen und die Steuerung einfacher zu machen.

Doch nicht nur unser Zuhause wird mit dem Internet verbunden, sondern auch die uns alltäglich umgebende Welt. Die Welt der Technik nennt dies „ubiquitous computing" – allgegenwärtige Datenverarbeitung. Intelligente Produkte prägen das Verständnis, das **Internet der Dinge** – Internet of Things – kurz **IoT**, durchdringt unsere Arbeits- und Lebenswelten. Verbinden wir all diese intelligenten Subwelten, entsteht das Internet of Everything – das Internet von Alles und Allem – kurz **IoE**. Im **Internet of Everything** ist es dann denkbar, dass eine Ärztin auf dem Weg zur Arbeit vom Navigationsgerät vor einem Stau gewarnt und automatisch den kürzesten Weg Richtung Wirkungsstätte gelenkt wird, wohingegen andere den längeren Weg fahren müssen. Weil das Internet of Everything intelligent in sich selbst und auf die „mitspielenden" Akteure reagiert.

Beispiel: ───────────────────────────────────

Ein sehr anschauliches Beispiel für die smarten Anwendungen des Internets der Dinge erläutert Bernd Halfar anhand eines leicht dementen Klienten. Dieser hat unruhig geschlafen, was seine Matratze meldet, und ist dann in der Nacht aufgestanden, was der Trittsensor vor dem Bett gemeldet hat. Ins Bett ist unser Klient nicht mehr zurückgekehrt, meldet wiederum der Bettvorleger, aber womöglich ist er zur Toilette gegangen, denn der Wassersensor in der Toilette meldet einen Verbrauch. Der Türsensor weiß, dass niemand die Wohnung verlassen hat (die Türe wurde nicht geöffnet). Das System, in dem alle Sensoren integriert sind, überlegt nun, was zu tun ist. „Alexa" hört Hilfeschreie – der Bewohner könnte hilflos in der Wohnung liegen. Die Schreie kommen tatsächlich aus dem Fernseher, denn der Drucksensor im Fernsehsessel meldet einen Bewohner – der einen Krimi im Fernsehen ansieht. Das System kommt zum Schluss: Es ist keine Notalarmierung der Rettung, der Nachbarn oder der Verwandten notwendig.[43]

Wir sehen, dass viele der beschriebenen Szenarien bereits teilweise Realität sind. Der Ausweitung der Einsatzmöglichkeiten wie auch der Breite der Anwendungen in der Gesellschaft sind keine Grenzen gesetzt, solange es ein Bedürfnis gibt, das man mit „smarten" Anwendungen lösen kann.

Auch sprechen wir an dieser Stelle von „intelligenten Systemen". Ob diese wirklich intelligent sind, müssten wir auf philosophischer, technischer und im weiteren Sinne auch zivilgesellschaftlicher Ebene diskutieren. Dem Thema der Künstlichen Intelligenz widmen wir uns in diesem Buch auch noch im Abschnitt 3.5.

2.6.5 Ausgestaltung von Produkten und Sprache

Neue Produkte werden in neuer Form erfunden. **„Design Thinking"** geht neue Wege der Produktentwicklung und wird auch in der öffentlichen Verwaltung schon teilweise eingesetzt. So zum Beispiel in den Aktivitäten des IT-Planungsrates der Bundesrepublik Deutschland[44] oder in der Digitalisierungsenquete der Stadt Innsbruck.[45]

Basis eines jeden Design-Thinking-Prozesses bildet ein Team, das sich aus verschiedenen Disziplinen, Abteilungen und Hierarchieebenen zusammensetzt. Neben den Beschäftigten können auch externe Personen miteinbezogen werden: Kunden, Fördergeber, usw. Die Stärke solcher Teams liegt in der Durchmischung vieler Disziplinen. Mitglieder dieser Teams bringen ihre jeweiligen Fachkenntnisse, Methoden und Standpunkte ein. Die Ergebnisse beinhalten so die verschiedenen Blickwinkel und Erfahrungen, die jedes Mitglied einbringt. Design-Thinking folgt dabei einem vordefinierten Prozess.[46] Die wahren Erfolgsfaktoren des 21. Jahrhunderts liegen in

---

[43] Halfar (2018), S. 182
[44] IT-Planungsrat (2018)
[45] Wonderwerk (2018)
[46] Grots/Pratschke (2009), S. 19

menschlicher Reife an den Schlüsselpositionen, nicht in Werbetricks und skrupellosem Beschaffungswesen.[47]

Der Beitrag der Internetriesen zur Digitalisierung lässt sich auch in der Sprache nicht leugnen. Die meisten der Begriffe der Digitalisierung sind Englisch, Plattformen haben englische Namen. Seit einigen Jahren spielt auch chinesisch eine Rolle. Deutsch kommt als Sprache in der digitalisierten Welt nur am Rande vor, auch wenn einige Sprachwissenschaftler noch so laut nach einem Umdenken rufen. Dass durch die Nutzung einer Fremdsprache der Eindruck einer elitären Welt mit beängstigenden Auswüchsen entsteht, lässt sich nicht abstreiten, auch wenn es Webseiten gibt, die sich als eine Art Dolmetscher versuchen dem entgegenzuwirken.[48]

2.6.6 Verplattformung

Organisationen reagieren unterschiedlich auf die sich verändernde Umwelt. Bei großer Unsicherheit, wie z. B. die Ungewissheit über politische Entscheidungen, die Auswirkungen der Digitalisierung o. Ä., braucht es neue Möglichkeiten, Produkte, Dienstleistungen, Ressourcen und Teilnehmer zu kombinieren, um auf die entstehenden Herausforderungen reagieren zu können. Plattformen können hier ein möglicher Weg sein.

Plattformen sind kein neues Modell – Stadtmärkte gibt es schon seit Jahrhunderten. Mithilfe der Digitalisierung ist diese Art des Warenverkaufs und der Vermittlung von Dienstleistungen virtualisiert und globalisiert worden.[49]

Bisherige Modelle, Kundinnen und Kunden, also die Nutzerschaft einzubeziehen setzten darauf, Ressourcen anhand der Nachfrage aufzubauen. In der Sozialwirtschaft bedeutet dies die Reaktion auf die Höhe der Fördergelder. Dies wird Push-Ökonomie genannt. Im Gegensatz dazu steht die Pull-Ökonomie – interne und externe Ressourcen müssen sehr schnell anlassbezogen gefunden und integriert werden, um reagieren zu können.[50]

---

[47] Brandes et al. (2014), S. 18
[48] beispielhaft nennen wir hier https://digitalpresent.tagesspiegel.de/sprechen-sie-startup
[49] Lenz/Grützmacher (2018), S. 3
[50] Al-Ani (2017), S. 91 ff. nach Hagel et al (2010): The Power of Pull

Die Verplattformung führt dazu, dass nicht mehr einzelne Fachkräfte ihre Leistungen anbieten, sondern zwischen Kunden und Fachkräften ein weiterer Mitspieler auftaucht: eine Plattform. Dies kann z. B. eine App sein, die bei Bedarf an Fachpersonal vermittelt:

Beispiel:

Die App zur Zuckerüberwachung vermittelt an einen Diätologen, der Sprachassistent vermittelt den akut selbstmordgefährdeten Nutzer an die Telefonseelsorge, die Bewerbungs-App oder der Bewerbungsbot an einen Arbeitgeber, die Gehörlosen-App an eine Gehörlosendolmetscherin.

Eine Verknüpfung von Ressourcen über die Grenzen der Organisation hinweg, die Einbindung von Kundinnen und Kunden findet statt, um Produkte und Dienstleistungen anzureichern. Die neuen Plattformstrukturen werden neue Zusammenarbeitsmöglichkeiten schaffen. Die Rolle des Einzelnen wird dabei neu definiert und passt nicht mehr in traditionelle Strukturen.[51] Unternehmens- und Branchengrenzen verschwimmen. Für einzelne Fachkräfte/Organisationen bzw. Brancheneinsteiger gab es bislang hohe Eintrittsbarrieren wegen notwendiger Infrastruktur-Investitionen. In Zeiten der Digitalisierung ist der Aufbau von Infrastruktur branchenbezogen nicht mehr nötig. Deshalb besitzt Uber keine Taxis und Airbnb keine Hotelketten.[52]

Auffallend ist, dass sich gerade auch hier Player tummeln, die soziale Dienstleistungen anbieten, aber nicht aus dem Bereich Soziales kommen, sogenannte Social Entrepreneurs. Also branchenfremde Organisationen. Beispielhaft sind hier die Nachbarschaftsplattform www.nebenan.de oder www.betreut.de, die Betreuungspersonen für Angehörige findet.

Sucht man nach „Verplattformung" in der Suchmaschine Google, so erscheinen bei der Suche an den ersten sechs Stellen fünf Ergebnisse aus der Sozialwirtschaft (Suchanfrage am 05.11.2018 – beachten Sie bitte eine mögliche Filterblase, wie in Abschnitt 3.2 beschrieben). Alles nur ein Zufall? Ein Beispiel für die Verplattformung ist das Projekt www.vediso.de des Verbands für Digitalisierung in der Sozialwirtschaft e.V.. Ziel ist es u.a. eine eigene Plattform zu entwickeln und zu

---

[51]   Al-Ani (2017), S. 110 nach Hagel et al. (2010): The Power of Pull
[52]   Lenz/Grützmacher (2018), S. 4

betreiben, neue Vertriebswege für soziale Dienstleistungen und Betreuungsangebot zu nutzen, Provisionszahlungen bei anderen Anbietern zu minimieren oder zu vermeiden sowie bestehende Dienstleistungen an eine zunehmende Digitalisierung anpassen zu können.[53]

Ein weiterer Aspekt der Verplattformung ist die Verplattformung von Vertrauen in der Form der Blockchain. Die Blockchain ist eine Technologie, auf der viele Kryptowährungen basieren, aber nicht mit Kryptowährungen gleichzusetzen ist. Das Konzept geht zurück auf Satoshi Nakamto, der/die diesen Namen als Pseudonym nutzte und das Konzept der Blockchain 2008 als Thesenpapier ins Internet stellte. Bis heute ist unklar, wer Satoshi Nakamto ist (Einzelperson oder Gruppe).[54] Das Neue an der Blockchain, was bislang noch niemand hatte lösen können, war das Problem der Datenintegrität und damit der Sicherheit von übertragenen Daten. Die Blockchain ermöglichte es erstmals, systematisch Vertrauen abzubilden, ohne eine dritte Stelle als Vertrauensinstanz zu benötigen. Zahlungen können ohne Banken, Tauschgeschäfte ohne Treuhänder abgewickelt werden, denn die Blockchain garantiert die Korrektheit und Unveränderlichkeit der getauschten Daten (z. B. Währung, Immobilie, Handel mit Zertifikaten), was natürlich unsere großen Kontrollsysteme in Frage stellt. Wir reden nicht mehr nur vom Internet der Informationen, vom Internet der Dinge, sondern vom Internet der Werte, da die Blockchain über das Internet funktioniert.[55] Tim Höttges, Vorstandsvorsitzender der Deutschen Telekom AG, rechnet damit, dass die Blockchain künftig massiven Einfluss auf die Art des ökonomischen Handels und tradierten Geschäftsmodelle haben wird, da diese Technologie Integrität und Unveränderlichkeit von Werten – seien es geistiger Besitz, Geld, Verträge, Kunst oder Wählerstimmen – identifizieren und garantieren.[56]

2.6.7 Daten sind das Gold des 21. Jahrhunderts

Massenhaftes Datensammeln, auswerten und nutzen, das unter dem Stichwort „Big Data" läuft, erhöht aber auch die Qualität von Information und ermöglicht den lernenden Maschinen und Programmen, gezielt, individuell und in passenden Mengen zu produzieren bzw. zu liefern.

---

[53]   Verband für Digitalisierung in der Sozialwirtschaft e.V., S. 5
[54]   Rosenberger (2018), S. 25
[55]   Tapscott/Tapscott (2016), o.S.
[56]   Höttges (2018), o.S.

Wir sprechen bei Big Data von der Tatsache, dass das Volumen von erzeugten Daten in Informationssystemen (z. B. Dokumentationssoftware, Surfverhalten im Internet, usw.) täglich wächst. Zugleich nimmt die Geschwindigkeit zu, mit der diese Daten produziert werden.

Im Web 2.0, auch Mitmachweb genannt, können Nutzer jederzeit eigene Inhalte erstellen und teilen. Facebook, Twitter, Snapchat, Instagram, Tumblr usw. sind derzeit die bekanntesten Anwendungen. Inhalte wie Texte, Videos und Bilder sowie Meta-Daten zu Vernetzungsaktivitäten, Zeitschienen (Zugriffszeitpunkt o. Ä.) sowie in der Verknüpfung aus Inhalten und Meta-Daten Informationen über Vorlieben und Interessen werden so von Nutzern selbst mit der Öffentlichkeit bzw. – bei entsprechender Datenschutzeinstellung im Profil – einem eingeschränkten Kreis geteilt. Jedenfalls teilt man diese Informationen mit den Anbietern dieser Dienste.

Was diese mit den gewonnenen Daten machen, beschreiben sie in ihren AGBs und/oder Datenschutzerklärungen und müssen nicht zwangsläufig europäischem Recht unterliegen oder sich an diese halten. Dass wir als Nutzer die Benutzten in diesem Geschäftsmodell sind, wird spätestens bei den großen Skandalen der letzten Jahre offensichtlich.

Beispiel:

Der Facebook-Skandal rund um die an der Börse spekulierende Firma Cambridge Analytica oder die Aufregung um Google Apps, die angeblich die E-Mails von Nutzern lesen, sind im ersten Halbjahr 2018 in Medien viel diskutiert worden.[57]

An dieser Stelle bemerken wir wieder, dass Digitalisierung sowohl positive als auch negative Auswirkungen haben kann. Soziale Medien tragen auf der positiven Seite zu einem Informationsfluss bei, der demokratische Prozesse in Gang bringen kann. Die Einfachheit der Erstellung von Inhalten und die Einfachheit der Informationsweitergabe beschleunigen in einem noch nie dagewesenen Ausmaß das Tempo, in dem diese Informationen für die Umsetzung von Zielen verwendet werden.

---

[57] Für weiterführende Informationen siehe https://derstandard.at/2000079317057/Facebook-Datenskandal-Cambridge-Analytica-speicherte-bis-2017 oder https://derstandard.at/2000082709252/Datenskandal-bei-Google-Aufregung-um-Apps-die-Mails-der-Nutzer oder www.faz.net/aktuell/wirtschaft/diginomics/twitter-hat-daten-an-cambridge-analytica-verkauft-15567421.html

Ein eindrucksvolles Beispiel finden wir dazu im Arabischen Frühling. Wissen Sie, wie der Arabische Frühling begann? Ein dokumentierter Ausgangspunkt ist das Beispiel eines Händlers in Tunesien, der sich von den korrupten Behörden ungerecht behandelt fühlte. Seine Handlung wurde gefilmt und auf Facebook geteilt. Die weite Verbreitung und der bereits vorherrschende Unmut sowie der Wunsch nach Demokratisierung kanalisierten sich schlussendlich in Protesten, die wie eine Welle auf benachbarte Länder übergriffen und die wir heute den Arabischen Frühling nennen.[58]

Unabhängig von den konkreten Beispielen wird ersichtlich, dass alle Anwendungen selbst dem Nutzer nur als Werkzeug dienen. Wir haben es also selbst in der Hand, welches Werkzeug wir verwenden.

Mit Hilfe von Big Data als Werkzeug können große Mengen an Daten miteinander verknüpft werden, um nach Mustern und Abhängigkeiten zu suchen, um daraus neue Erkenntnisse zu gewinnen. Erkenntnisse, die der Mensch ohne technische Unterstützung nicht erlangen könnte.

Den Anwendungsfällen von Big Data liegen zumeist drei wesentliche Schritte zu Grunde:[59]

1. Sammlung von Daten aus verschiedenen Quellen

2. Korrelation der Daten

3. Analyse, Bewertung und Nutzung

Für das Sammeln von Daten stehen unterschiedliche Datenquellen zur Verfügung. Oberhalb haben wir bereits einige Beispiele dafür beschrieben. Im Internet frei verfügbare Informationen, wie etwa Open Government Data, stellen eine weitere Quelle dar. Innerhalb der eigenen Organisation gibt es Anwendungen und Systeme, in denen ebenfalls Daten liegen bzw. die Daten produzieren. Aus dem Bereich des Internet of Things kommen noch weitere Daten dazu, die z. B. durch die Überwachung des Gebäudemanagements oder durch das Tragen elektronischer Geräte entstehen.

Diese Daten werden dann in Zusammenhang gebracht, um aus ihnen mit Hilfe Künstlicher Intelligenz (z. B. Deep Learning, siehe dazu gleich nachfolgend) Korrelationen abzuleiten. Auf herkömmlichem Weg wären diese kaum erkennbar – mehrere Mitarbeiter müssten dazu händisch eine große Datenmenge durchsehen und versuchen, daraus Muster abzuleiten.

---

[58]   Karboul (2015), S. 16
[59]   Mack (2018), S. 217 ff.

Als weiteren Schritt wird die Analyse zum Aufbau von Modellen verwendet, z. B. für die Prognose von Nutzerverhalten oder für die Früherkennung von Krankheiten.

Thomas Mack bemerkt zu Recht, dass für den Einsatz von Big Data eine große Anzahl von Daten notwendig ist, um valide Prognose-Modelle erarbeiten zu können. Diese können von einzelnen Trägern der Sozialwirtschaft kaum aufgebracht werden.[60]

Eine konkrete Anwendung von Big Data, die sich auch in der Sozialwirtschaft einsetzen lässt, sind beispielsweise Servicebots. Dies sind kleine Programme, die aus einem Pool dem Bot zur Verfügung gestellter Daten Personen bei Anfragen unterstützen. Diese funktionieren nach Einrichtung ohne menschliche Intervention. Je besser die zugrunde gelegten Daten, desto besser die Antworten des Bots.

Um dies zu verstehen, muss an dieser Stelle erklärt werden, in welchem Zusammenhang Daten, Informationen und Wissen stehen. Daten bilden neben Algorithmen den zweiten Grundpfeiler der Informations- und Kommunikationstechnik. Die Grundlage für dieses Verständnis ist eine duale Weltsicht. Die Wirklichkeit wird demnach in Objekte und Aktionen (an diesen Objekten), Dinge und Handlungen, passive und aktive Elemente, Statik und Dynamik, usw. eingeteilt. Objekte und Dinge werden in Form von Datenobjekten bzw. Daten abgebildet. Aktionen und Handlungen werden als Algorithmen dargestellt. Diese Entsprechung erklärt die universelle Einsetzbarkeit des Computers.[61]

Digitalisierung als Fortschreiben von technologischen Entwicklungen: Maschinendatenerfassung führt zur optimierten Nutzung von Geräten und Maschinen in Produktionsabläufen. Maschinen können effizienter im Produktionsablauf verplant werden, auch Wartung und Service sind leichter möglich. Maschinen liefern ständig Daten, die man durch Einbindung der Maschinen in ein Netzwerk verwenden kann. Zudem entsteht dadurch eine Datensammlung, die sich wiederum strukturiert verwenden lässt. Hier sind wir nun beim Thema Big Data angekommen.

2.6.8 Intelligenz kann künstlich sein

Der Wunsch, dem Menschen ein Fortbestehen ohne die Einschränkungen unserer körperlichen Physis zu ermöglichen, ist wohl schon

---

[60]   Mack (2018), S. 219
[61]   Lehner (1993), S. 3

so alt wie die Menschheit selbst. Ein Werk zu schaffen, die Welt zu verbessern oder einfach nur aus dem Antrieb irgendetwas zu hinterlassen, erhält durch Digitalisierung eine neue Dimension.

Die rasante Entwicklung von Datenmengen und die kostengünstige Verfügbarkeit von IT-Ressourcen wie Computerchips und Speicherplatz führten zur Entwicklung von Anwendungen, die wir als Künstliche Intelligenz, kurz KI (= englisch Artificial Intelligence, kurz AI) bezeichnen.

Philip Specht beschreibt in seinem Buch sehr schön und plakativ, warum wir heute sind wo wir sind: In vielen Bereichen der IT findet exponentielles Wachstum statt. Egal ob Speicherplatz auf Computern, die Menge ausgetauschter Daten im Internet oder die räumliche Auflösung von Gehirnscans, all diese Entwicklungen verlaufen nach exponentiellen Wachstumskurven. Durch Fortschritte in der Verarbeitung von komplexen Datenmengen können diese nun auch genutzt werden: Um Anwendungen zu programmieren, die sich selbst weiterentwickeln und damit dazulernen.[62]

Ob die Künstliche Intelligenz an den Maßstäben der menschlichen Intelligenz gemessen werden kann, bleibt vorerst offen. Die gängigen Definitionen und Ansätze für menschliche Intelligenz haben gemeinsam, dass sie eine Informationsaufnahme, -verarbeitung und entsprechendes Urteilsvermögen sowie eine Art der Speicherung für spätere Anwendungsszenarien fordern. Klingt das für Sie auf eine maschinelle Anwendung/eine Software übertragbar? Tatsächlich wird schnell klar, dass Maschinen mehr Informationen aufnehmen, schneller verarbeiten und speichern können. Lediglich das Urteilsvermögen des Menschen lässt sich nicht leicht imitieren. Für Maschinen bedeutet Lernen ein wiederholtes Abspielen von Beispielen. Diese Algorithmen bilden das Herz einer Künstlichen Intelligenz. Algorithmen sind vordefinierte, detaillierte Abfolgen von Handlungen, die zur Erfüllung einer Aufgabe ausgeführt werden.[63]

Im Bereich des Deep-Learning werden große Datenmengen automatisch analysiert. Ziel dieser Analyse ist das Auffinden von Trends und Gemeinsamkeiten. Beispielsweise kann hier die Auswertung von Gesundheitsdaten genannt werden – gerne wird hier das Beispiel von Risikofaktoren für Diabetes Typ 2 herangezogen. Übergewicht, metabolisches Syndrom usw. sind in der Gesamtheit betrachtet wohl

---

[62] Specht (2018), S. 68
[63] Schael (2018), S. 548

ein Hinweis auf ein zukünftiges Eintreten von Diabetes Typ 2. Diese Zusammenhänge (Korrelationen) werden mit Hilfe von Deep-Learning analysiert. Dazu notwendig ist jedoch eine große Datenmenge. Das Moorfields Eye Hospital in London testet eine Analysemethode zur Früherkennung von möglichen Augenkrankheiten. Täglich tausendfach in Großbritannien durchgeführt, analysiert eine künstliche Intelligenz die Bilder mit dem Ziel, die Zeit zwischen Untersuchung und Behandlung zu verkürzen.[64]

Ein weiterer Begriff der Künstlichen Intelligenz ist der Begriff der neuronalen Netze. Diese entstehen durch die Verbindung mehrerer spezialisierter KIs.

Die Grenzen der Künstlichen Intelligenz liegen derzeit in hormongesteuerten, d. h. gefühlsbasierten Entscheidungen. Die Steuerung von Emotionen wird bereits teilweise beherrscht. [65]

In Weltuntergangsszenarien diverser Filme werden Menschen durch Künstliche Intelligenzen beschützt und schlussendlich ausgelöscht. Die Fragen sind berechtigt: Was passiert, wenn eine Künstliche Intelligenz eigene Regeln entwirft und Lücken in der Programmierung ausnutzt, um zu lernen? Abbildung 5 zeigt eine künstlerische Darstellung von Künstlicher Intelligenz:

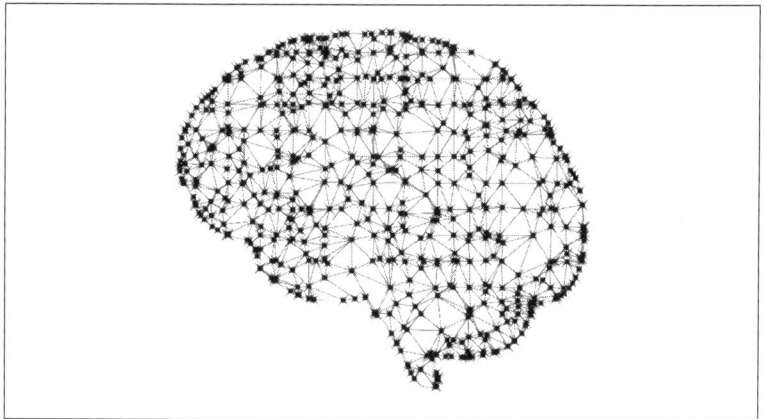

Abbildung 5: Künstlerische Darstellung von Künstlicher Intelligenz[66]

---

[64]   Bergert (2018)
[65]   Schael (2018), S. 550
[66]   Gordon Johnson auf pixabay.com, lizenziert nach CC0 Creative Commons

Vorteile der Künstlichen Intelligenz liegen darin, dass die Software schnell, zuverlässig und nicht tagesformabhängig ist, nicht willkürlich in Einzelfällen neue, unter Umständen ungeeignete Kriterien anwendet und eine gut trainierte Künstliche Intelligenz leicht übertragen werden kann. Die Schulung/Ausbildung von Experten dauert Jahre. Die vorgegebene Entscheidungslogik wird in jedem Einzelfall konsistent abgearbeitet.

Der Nachteil liegt in der Inflexibilität auf relevante, aber unerwartete Details adäquat zu reagieren. Bei ungewöhnlichen Einzelfällen wird die Unterstützung durch Organisationen der Sozialwirtschaft aber am nötigsten gebraucht[67], Soziale Arbeit ist überwiegend Einzelfallarbeit.

Für zahlreiche Situationen liegt es klar auf der Hand, wo im Einzelfall die Leistungen der Künstlichen Intelligenz an Grenzen stoßen. Die Menschen, die Beratung, Betreuung und Therapie in Anspruch nehmen, bringen ihre vollkommen individuellen Lebensgeschichten mit, in denen Fachkräfte mit Ausbildung, Empathie und Erfahrung erfolgreicher agieren können, als dies von einem Algorithmus, einer datenbasierten Anwendung erwartet werden kann.

Doch gibt es auch laufend neue Anwendungsbeispiele, in denen mit Künstlicher Intelligenz erstaunliche Leistungen erbracht werden können, wodurch die Frage nach den spezifischen Vorteilen psychosozialer Professionen neu gestellt wird. Beispiele dafür sind etwa leistungsfähige Chatbots, die Informationen bereitstellen, oder Assistenzsysteme für Menschen mit Behinderungen.

2.6.9 Netzwerkgebilde

Wir bitten Sie bei diesem Merkmal der Digitalisierung sich vorzustellen, wie Sie das Internet grafisch darstellen würden. Da dies keine interaktive Anwendung (keine digitale Anwendung) ist, sondern eine Publikation, unterstellen wir Ihnen an dieser Stelle, dass Sie als Leserin entweder an eine Wolke oder an ein Netz gedacht haben. Auch jede andere Form ist legitim.

Wenn Sie an eine Wolke gedacht haben, dann sind Sie vom selben Bild geprägt wie die Teilnehmer einer (nicht wissenschaftlichen) Studie

---

[67] Zweig (2018), S. 5

des amerikanischen Cloud-Dienste-Anbieters Summit-Hosting. Dieser zufolge ist das Internet blau und von der Textur her eine Welle.[68]

Für unsere Überlegungen interessiert uns aber im Speziellen die Form eines Netzes. Kommunikationsstrukturen, physische Netzwerke (Kabel), neuronale Netze der Künstlichen Intelligenz, soziale Medien, usw. – alles, was wir in der digitalisierten Welt kennen, lässt sich als Netzwerk darstellen.

Nachstehend sehen Sie dazu ein Bild, welches dieses Phänomen veranschaulichen soll:

Abbildung 6: Künstlerische Darstellung von Social Media[69]

2.6.10 Alles nur ein Spiel

Menschen in unserer Umgebung tragen Uhren, die ihnen am Ende des Tages sagen, ob sie sich genug bewegt haben und morgens verkünden: „Der Schlaf war ausgezeichnet". Diabetiker verwenden Apps, die ihnen spielerisch bei der Kontrolle ihres Blutzuckers helfen, was zu weniger Komplikationen und Langzeitfolgen führt.[70] In der

---

[68] Futurezone (2017)
[69] Gerd Altmann auf pixabay.com, lizenziert nach CC0 Creative Commons
[70] Beispiel Zuckerkontrolle mit Hilfe von MySugr: https://mysugr.com/de/

Prävention und Rehabilitation haben sogenannte **Serious Games** bereits vielfältig Einzug gefunden und unterstützen die Patientenedukation, indem sie der Optimierung des eigenen gesundheitlichen Verhaltens dienen.

Diesem Merkmal zu Grunde liegt die Entwicklung von **„Gamification".** Die Idee, Spieldesignelemente im Kontext außerhalb von Spielen einzusetzen und damit die Nutzer-/Käuferaktivitäten zu steigern, findet massenhaft Anwendung. Mit Kundenkarten kann man Punkte sammeln und bekommt Vergütungen.[71] Gamification nutzt spielerische Elemente, um positive Effekte zu erzielen.[72]

Welche Spielelemente wo und zu welchem Zweck eingesetzt werden, hängt von der Anwendung ab. Spielelemente können z. B. Vergleiche (Wettbewerb) sein oder auch das Streben, der/die Beste zu sein. Menschen lassen sich mit Gamification zwangsfrei zu einem bestimmten Verhalten veranlassen. Der mit Gamification verwandte Nudging-Ansatz[73] beeinflusst Bürger und Bürgerinnen ganzer gesellschaftlicher Ebenen zu bestimmten Verhaltensweisen, die mit Verboten kaum bzw. nicht erreichbar wären.[74]

Berühmt geworden ist das Beispiel einer U-Bahn-Treppe in Stockholm, die nicht sehr gerne von Menschen genutzt wurde – diese nutzten lieber die Rolltreppe nebenan. Die Treppe wurde über Nacht in ein Klavier verwandelt (also mit Spielelementen versehen). Von da an wurde sie sehr gerne genutzt.[75] Das Beispiel zeigt, wie einfach Menschen zu mehr Bewegung gebracht werden können, weil spielerische Elemente dem Alltag beigemischt wurden.

Diese „Social Stairs" lösten unterschiedliches Verhalten aus: Personen luden andere Personen ein, mit ihnen gemeinsam einen Klangteppich zu erzeugen, andere suchten aktiv nach Möglichkeiten, einen Klangteppich zu erzeugen, indem sie geduldig auf andere Personen warteten. Unerwartet trafen sich täglich mehrere Personen (wie zu einer Besprechung) in kleinen Gruppen von 2 bis 10 Personen und erzeugten Klangteppiche. Menschen schlossen neue Bekanntschaften. Erstaunlich fanden die Designer der Treppe auch, dass es Menschen gab, die wiederholt nur zu dem Zweck kamen, um zu sehen, ob

---

[71] Deterding et al. (2011)
[72] Stieglitz (2017), S. 5
[73] „to nudge" = schubsen oder anstoßen
[74] Stieglitz (2017), S. 11
[75] Das Video finden Sie auf: https://www.youtube.com/watch?v=2lXh2n0aPyw

der Treppe neue Elemente hinzugefügt wurden oder ob sie noch immer Töne von sich gab. Weniger interessierte diese die Frage, ob sie lieber die Treppe oder die Rolltreppe nehmen sollten. Natürlich weiß man nicht, ob die Treppe langfristig häufiger genutzt werden wird als die Rolltreppe – ob quasi ein Gewöhnungseffekt eintritt.[76]

2.6.11 Die Furcht vor dem Unbekannten

Die Digitalisierung löst in uns jede Menge unterschiedlicher Emotionen aus. Neben Euphorie über die schier unendlichen Möglichkeiten ist auch die Furcht vor dem Unbekannten ein beständiger Kritiker der Digitalisierung.

Wie weit unsere Furcht vor der Digitalisierung gehen kann, zeigt das Beispiel rund die um die so genannten Killerroboter. Killerroboter ist der umgangssprachliche Begriff für autonome Waffensysteme. Autonom bedeutet, dass kein Mensch mehr in die unmittelbare Handlung des Waffensystems eingreift, der Roboter selbst entscheidet, wie er in welchem Moment reagiert. Im Hintergrund stehen natürlich Steuerungssysteme, die von Menschen überwacht werden. Die Vereinten Nationen haben es bislang nicht geschafft, sich auf eine gemeinsame Position zu autonomen Waffensystemen zu einigen, es scheitere an einzelnen Nationen, die behaupte die Technologie wäre noch nicht so weit fortgeschritten, als dass sie reglementiert werden müsse.[77] In der breiten Bevölkerung wäre die Angst vor einem Geschützturm, der mittels Gesichtserkennung über Freund oder Feind entscheidet, sicher groß genug, um diesen zu beschränken. Dieser Geschützturm ist bereits Realität. Warum aber geschieht keine Beschränkung, keine Reglementierung?

Auch autonome Waffensysteme sind Teil der Digitalisierung. Digitalisierung hat für große Teile der Bevölkerung mit IT zu tun und ist damit etwas, das viele entweder glauben nicht zu verstehen oder für uninteressant halten. Darin besteht aber ein sehr fataler Irrglaube.

Wir als Menschen haben eine Rolle in der Zivilgesellschaft. Wir als Soziales Unternehmen haben eine Rolle in der Zivilgesellschaft. Unsere Rolle besteht darin, u. a. Druck auszuüben auf jene, die z. B. autonome Waffensysteme oder andere Entwicklungen der Digitalisierung

---

[76]   Peeters et al. (2013)
[77]   Marsiske (2018)

(siehe auch Abschnitt 3.5) reglementieren könnten. Wenn die gesellschaftliche Sicht zu diesem Thema einen Einsatz nur unter bestimmten Regeln zulässt kann die Furcht vor dem Unbekannten nicht größer sein als der Antrieb etwas zu ändern. Dies gelingt aber nur, wenn die breite Bevölkerung sich dem Thema Digitalisierung widmet. Der Irrglaube, Digitalisierung habe ausschließlich etwas mit IT zu tun, muss sich auflösen. Denn nur dann müssen wir uns nicht vor digitalen Lösungen fürchten. Denn dann werden staatliche Kontrollinstanzen funktionieren, Datensicherheit und Grundrechte bei der Konzeption von Anwendungen einen hohen Stellenwert einnehmen und ein gesellschaftlicher, ethischer Diskurs und Aufklärung dazu führen, dass digitale Lösungen einem besseren Zusammenleben dienen.

Soziale Unternehmen – als wachsame Beobachter und stete Stimme des Gewissens auf Menschenrechte und ethische Grundsätze achtend – müssen bei der Digitalisierung eine tragende Rolle einnehmen.

2.7 Schichten der digitalen Anwendungen

Was die Digitalisierung leisten kann, wird von jeder Organisation selbst definiert. In der Wirtschaft ist Digitalisierung das Schlüsselwort bei der Transformation der Wertschöpfung. Geschäftsmodelle, Produkte oder Services sowie ganze Prozesse oder Teilprozesse werden digitalisiert. Dies bedeutet jedoch nicht zwingenderweise Vollautomatisierung von Prozessen ohne jeglichen menschlichen Eingriff. So kann z. B. ein Programm, das einen Prozess steuert, bei entsprechender Notwendigkeit (z. B. Erreichen eines bestimmten Grenzwertes) Aktionen setzten, die wiederum den Menschen notwendig machen oder die Aufgaben nach sich ziehen, die von cyberphysischen Systemen ausgeführt werden.[78]

Die etablierten Modelle der Darstellung und Beschreibung von Anwendungsarchitekturen gingen den Autoren zu weit in die IT-Sicht und erwiesen sich im Berufsalltag in Sozialen Unternehmen, im Speziellen für die Kommunikation mit beteiligten Akteuren als zu wenig prägnant. Projektleiter für IT- und Anwendungsprojekte in der Sozialwirtschaft werden der Aussage zustimmen, dass sie zum Projekterfolg wesentlich beitragen, wenn sie Fachkräften die technischen Fakten und Nebeneffekte verdeutlichen und transparent machen können. Die Reduktion von technischen Daten auf das, was

---

[78] Fleischmann et al. (2018), S. 10

bei der Arbeit mit Kundinnen und Kunden sichtbar bleibt, reduziert Widerstände und erleichtert die Umsetzung.

Die Autoren unterteilen die vielfältigen Anwendungen der digitalen Welt in verschiedene Schichten. Für jede Schicht sind für sich eigene Merkmale definierbar. Der Reifegrad der digitalen Anwendungen (siehe auch Abschnitt 4.3) und die Kompetenzen der Mitarbeiterinnen (siehe Abschnitt 6.3) steigen mit der Tiefe der Schichten.

Die in den folgenden Kapiteln beschriebenen Anwendungselemente lassen sich unterschiedlich verbinden und zu nützlichen Dingen für Alltag und Beruf zusammenstellen, z. B. am Smartphone oder im intelligenten Haus/Auto bis hin zur Landvermessung oder im Operationssaal.

Diese Schichten sind aber in sich nicht immer eindeutig abgrenzbar. So kann beispielsweise ein Industrieroboter auch ohne Künstliche Intelligenz arbeiten, oder ein Flugsimulator eben mit einer Künstlichen Intelligenz sich dem Schwierigkeitsgrad einer Aufgabe anpassen. Wie schon öfter in diesem Buch soll auch Abbildung 7 beispielhaft einen Überblick über die Schichten zur Orientierung geben und erhebt keinen Anspruch auf Vollständigkeit.

2.7.1 Einfache Datenverarbeitung: Daten sammeln und verarbeiten

Wer kennt noch die Buchführung vor dem digitalen Zeitalter? Es heißt Buchführung, weil in Büchern alle Ein- und Ausgänge (analog) festgehalten wurden. Auswertungen und Statistiken, wie wir sie heute kennen, waren mit unglaublichem Aufwand verbunden, die Kontrollmechanismen waren im Vergleich zu heute wenig umfangreich. Für viele kaum mehr vorstellbar, doch die erste Schicht der Digitalisierung setzt genau dort an: wenn Daten nicht mehr analog verwaltet, sondern in Systemen abgespeichert und verwendet werden.

Dazu zählen viele einfache Datenverarbeitungsprogramme und nicht vernetzte Systeme. Diese sind heute schon schwer zu finden, da sehr viele dieser Programme und Systeme mit dem Internet, Cloud-Diensten oder in Remote Zugriffssystemen vernetzt sind.

Wer könnte sich heute noch vorstellen, mit Klienten mittels Briefen zu kommunizieren? Brief schreiben, frankieren, absenden, die Post ihre Aufgabe machen lassen, Brief entgegennehmen und darauf antworten – das alles dauerte mehrere Tage. E-Mails brauchen vergleichsweise minimale Zeit, Antworten sind binnen Sekunden möglich. Noch schneller sind Messengerdienste. Das Tempo der Abwicklung erhöht sich.

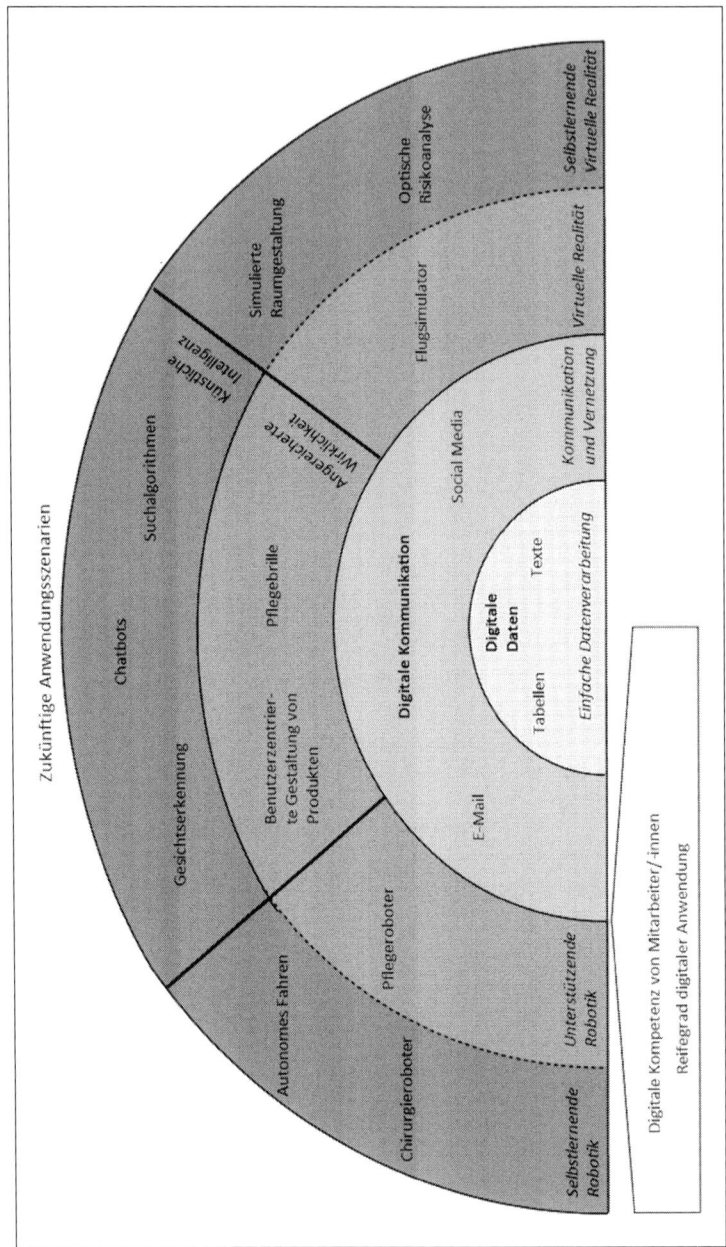

Abbildung 7: Schichten digitaler Anwendungen

Mit der Summe der Daten, die verarbeitet werden, steigen die Möglichkeiten der Eingabe und der Speicherkapazität (siehe auch Abschnitt 2.6.2). Nun sind die Daten digital und die Übermittlung beschleunigt. Weitere Faktoren kommen ins Spiel: die Vernetzung.

2.7.2 Kommunikation und Vernetzung

Die allgegenwärtigen Möglichkeiten des Internets, mit anderen in Austausch zu treten, hat die Kommunikation verändert. Mobile Endgeräte und günstige Zugänge schaffen eine Entgrenzung der Internettechnologie. Es ist ganz einfach geworden, mit anderen in Kontakt zu treten und sich zu vernetzen.

Daten in bislang isolierten Systemen können nun unkompliziert und schnell ausgetauscht werden. Regionale Grenzen spielen keine Rolle mehr. Informationen und im weiteren Sinne Wissen stehen allen Menschen mit Zugang zum Internet zur Verfügung. Die Notwendigkeit der Strukturierung von Information als Kompetenz wird wichtiger (siehe auch Abschnitt 6.3).

2.7.3 Angereicherte Wirklichkeit

Daten, die überall durch Vernetzung verfügbar sind, können genutzt werden, um die Realität zu erweitern. Wir sprechen von Augmented Reality, der Verschränkung von Realität und digitaler Information.

Beispiel:

Am zweistaatlichen Donaukraftwerk Jochenstein verwandelt eine App das Smartphone in eine 3-D-Brille und ermöglicht so Besuchern virtuelle Rundgänge.[79] Noch ausgefeilter ist das Projekt der Pflegebrille, beim dem relevante Daten für das Pflegepersonal eingeblendet werden.[80]

Vernetzte Systeme mit massenhaft Daten darin und dem Menschen als Anwender führt zu einer weiteren Frage: Warum nicht diesen Systemen beibringen, wie sie selbst anhand der vorhandenen Daten Vorgänge durchführen können? Es entstehen lernende Datenverarbeitungen.

---

[79] Siehe bit.ly/2FUVe4a
[80] Siehe https://pflegebrille.de

2.7.4 Virtual Reality

„Als virtuelle Realität, kurz VR, wird die Darstellung und gleichzeitige Wahrnehmung der Wirklichkeit und ihrer physikalischen Eigenschaften in einer in Echtzeit computergenerierten, interaktiven virtuellen Umgebung bezeichnet."[81]

Beispiel:

Flugsimulatoren nutzen Daten um angehenden Piloten oder Fluglotsen eine virtuelle Realität zu Trainingszwecken vorzuspielen.

Doch auch für die psychologische und psychotherapeutische Forschung und Therapie gibt es Anwendungsmöglichkeiten für VR, diese reichen von der Untersuchung zur Raumwahrnehmung bis zur Behandlung von Angststörungen.

Einen Überblick bietet zum Beispiel der Blogbeitrag auf wise-mind.de: http://bit.ly/2G8OcIo. Und YouTube-Beiträge wie http://bit.ly/2G6LsLL geben einen realitätsnahen Einblick in die VR-Therapiemethoden.

2.7.5 Lernende Datenverarbeitung

Bei lernenden Datenverarbeitungen können wir nun beobachten, wie Systeme trainiert werden, um vorgegebene Abläufe ohne weitere Unterstützung wiederholt durchzuführen. Bei jedem Vorgehen nach einem definierten Fehlerbaum können auch neue Verästelungen entstehen.

Chatbots vieler Websites funktionieren als lernende Datenverarbeitung. Suchanfragen oder die Reihenfolge der Auflistungen auf Sozialen Medien erfolgen anhand der Vorlieben und erstellten Profile von Nutzern, die sich ändern und der Algorithmus sich anpasst (siehe Abschnitt 3.2).

Wir sprechen von Künstlicher Intelligenz. Ob es sich wirklich um Intelligenz im Sinne der Intelligenz des Menschen handelt, wird in Abschnitt 2.6.8 näher erläutert.

Künstliche Intelligenz muss trainiert werden, um dazulernen zu können. Dieses Training kann durch den Menschen oder wiederum

---

[81]   https://de.wikipedia.org/wiki/Virtuelle_Realität

durch Systeme oder andere Künstliche Intelligenzen erfolgen. Wenn man davon ausgeht, dass Sprachassistenten der digitalen Riesen Künstliche Intelligenzen sind, trainieren Nutzerinnen jeden Tag Siri, Alexa & Co.

Beispiel:

Die Koppelung des Hausnotrufs mit einem Sprachassistenten, der auch auf Geräusche von Bewohnern reagiert und nicht nur, wenn die Bewohner selbst aktiv werden, ist z. B. eine derartige Anwendung in der Sozialwirtschaft.

Diese Künstlichen Intelligenzen sind meistens in Form von Software vorhanden und manifestieren sich an dieser Stelle noch nicht physisch.

2.7.6 Intelligente cyberphysische Systeme

In der vorerst letzten Stufe des Schichtenmodells werden nun Künstliche Intelligenzen als lernende Datenverarbeitungen mit cyberphysischen Systemen verbunden. Es entstehen digital gesteuerte, intelligente Maschinen.

Roboter müssen nicht zwangsläufig selbst agieren, um uns zu unterstützen. Auch Teilentwicklungen der Robotik können dem Menschen dienen.

Beispiel:

Sogenannte Exoskelette, wie z. B. das von VW getestete „Paexo" erleichtern Montagearbeiten. Mit dem Exoskelett soll die Arbeit durch mechanische Unterstützung leichter fallen. Wie ein Rucksack getragen liegt das Exoskelett am Körper an und verstärkt dabei die menschlichen Tätigkeiten wie z. B. über Kopf montieren. Arme und Schultern werden entlastet, langfristige körperliche gesundheitliche Beeinträchtigungen können so verringert werden. Nach der Testphase scheint der Serieneinsatz in der Produktion in den Startlöchern zu sein.[82] Roboter in der Industrieautomation vollzogen die letzten 10 Jahre einen großen Schritt der Entwicklung und können nun auch flexiblere Aufgaben übernehmen als bisherige zweckgebundene, spezialisierte Maschinen.[83]

---

[82] Frankfurter Allgemeine Zeitung (2018)
[83] Brynjolfsson/McAffee (2014), S. 42 ff.

Den Begriff „Roboter" gibt es erst seit 1921. Der tschechische Schriftsteller Karl Čapek prägte diesen in seinem Schauspiel „R.U.R." (Rossums Universal-Robots) – ein Weltuntergangsszenario, in dem die Roboter die Weltherrschaft übernehmen. Der Begriff „robota" geht auf das slawische Wort Fronarbeit zurück.[84]

Uns den Frondienst eines Roboters zu Nutze zu machen findet auch bei Chirurgierobotern oder Pflegerobotern Anwendung. Weitere jetzt schon existente Anwendungen sind intelligente Implantate, hirngesteuerte Körperteile oder die Augensteuerung, die uns sehr schnell an Cyborgs erinnern (sozialisiert durch etliche Genres der Filmindustrie).

---

[84] Barthelmeß/Furbach (2012), S. 89

3. Beobachtungen in Gesellschaft und Wirtschaft

3.1 Unterschiedliche digitale Zugänge in der Gesellschaft

3.1.1 Der digitale Alltag

Die zunehmende Nutzung digitaler Technik reicht bereits weit in die Gesellschaft hinein und verändert damit maßgeblich und mit zunehmender Geschwindigkeit die Rahmenbedingungen, unter denen die Sozialwirtschaft und die Soziale Arbeit handeln.

Digitale Geräte, die auf Zuruf Musik spielen oder Informationen bereitstellen, finden sich in vielen Haushalten. Smartphones werden quer durch die Generationen geschätzt und die ersten autonomen Fahrzeuge sind unterwegs. Täglich erfahren wir von technischen Neuheiten, die digital gesteuert sind. Sie sollen das Alltagsleben erleichtern, Krankheiten erkennen und behandeln oder kleine und große Gefahren für die Welt abwenden. Die Zeitung, die wir online lesen, liest auch gleich mit, welche Vorlieben und Gewohnheiten wir haben. Facebook, Twitter und Co. liefern Informationen und Falschinformationen (fake news), Empörung kann rasch hochkochen oder Menschen können mit einem „flowerrain"[85] beschenkt werden, indem sich tausende Nutzer mit einem Klick auf ein Symbol solidarisch mit einer bestimmten Person zeigen.

Im Berufsleben sind Computer schon lange Alltag, Arbeitszeit und Dienstleistungen werden über handliche Geräte abgespeichert oder gleich vollautomatisch erfasst. Unternehmer und Manager in allen Branchen rüsten ihren Betrieb für den digitalen Wandel, um den Anschluss nicht zu verlieren – was sehr schnell gehen kann. Für die Arbeitnehmerinnen besteht die ständige Herausforderung, mit den neuen Geräten und Aufgaben zurechtzukommen und ihre digitale Kompetenz am Laufenden zu halten – in praktisch allen Branchen und auf allen Positionen.

Die deutsche Arbeitsagentur und das österreichische Arbeitsmarktservice setzen Algorithmen zur Einstufung von Kundinnen und Kunden in Bezug auf ihre Vermittelbarkeit am Arbeitsmarkt ein. Diese

---

[85] die österreichische Variante von „candystorm", angeblich von AMS-Chef Johannes Kopf erfolgreich vorgeschlagen; siehe Margits WebWi Blog

Daten dienen der Segmentierung des Arbeitskräftepotenzials, woraus sich kontroverse gesellschaftliche Debatten über Ausgrenzung und Förderlogik entwickeln.

In den Lebenswelten der Kundinnen Sozialer Unternehmen hat sich ein gesellschaftlicher Spalt aufgetan. Einige Personengruppen sind schon abgehängt, sie können sich nicht korrekt bewerben, haben Probleme, ihre Bankgeschäfte abzuwickeln oder können in Alltagsgesprächen nicht mehr mitreden.

Dieses Kapitel stellt nun die Veränderungen, die in der Gesellschaft und Wirtschaft bereits beobachtet werden können, systematisch zusammen, um den Überblick zu gewährleisten und unterschiedliche Entwicklungslinien für die nachfolgende Analyse auseinanderzuhalten. Die spezifischen Veränderungen in der Sozialwirtschaft betrachten wir vertiefend in Kapitel 4. Kapitel 5 befasst sich mit den Fragen, die sich aus Sicht der Profession Soziale Arbeit ergeben. Die angedeuteten ethischen und sozialpolitischen Fragestellungen werden in Kapitel 6 bearbeitet.

3.1.2 Digitale Nutzung und Einstellungen in der Bevölkerung

Die Studie „D21 Digital Index 2017/2018"[86] bietet auf Basis von über 20.000 Interviews einen guten Einblick in den Digitalisierungsgrad der Bundesrepublik Deutschland. Für die Europäische Union und einige Anrainerstaaten liefert die Europäische Kommission umfangreiche Daten, aus denen auch länderspezifische Informationen vertiefend erhoben werden können[87].

Zur Vergleichbarkeit der Entwicklung in den verschiedenen Ländern haben die beiden genannten Institutionen unterschiedliche, wenn auch verwandte, Indices zur Einstufung erarbeitet. Der Digitale Index der Europäischen Kommission ergibt für Deutschland und Österreich die folgenden Werte, die hier im Vergleich zum Europäischen Durchschnitt und dem führenden Land Dänemark dargestellt sind:

---

[86] Initiative D21 e. V. (2018)
[87] EU (2018b)

Wert	EU-Mittel-wert	Däne-mark	Öster-reich	Deutsch-land
Rang	--	1	11	14
GESAMT	54,0	73,7	58,0	55,6
Konnektivität	62,6	78,5	63,7	64,7
Humankapital	56,5	70,4	64,4	62,9
Internetnutzung	50,5	75,1	47,6	52,7
Integration der Digitaltechnik	40,1	61,3	44,1	41,3
Digitale öffent-liche Dienste	57,5	73,2	66,5	50,2

Für Deutschland sind von D21 folgende Zahlen erhoben worden[88]: 81 Prozent nutzen das Internet, was immerhin bedeutet, dass jeder Fünfte „Offliner" ist. Als Geräte werden vorrangig Smartphones (70 Prozent) genutzt, gefolgt vom Notebook und dem Desktop-PC, dessen Verwendung bereits leicht zurückgeht.

Wozu wird das Internet genutzt? Quer durch alle Altersgruppen steht die Informationsbeschaffung an erster Stelle. An zweiter Stelle folgt bei den Personen bis zum 50. Lebensjahr das Ansehen von Online-Videos, die älteren nutzen hingegen mehr die Office-Programme. Bei den unter 30-Jährigen folgt an nächster Stelle das Instant-Messaging, in den mittleren Lebensjahren sind stattdessen die Office-Programme an der dritten Position.

Soziale Medien werden von 52 Prozent der Nutzer in Anspruch genommen, bei der Generation 14 – 29 Jahre tun das fast alle.

Und wie steht es mit der Kompetenz im Umgang mit den digitalen Begriffen? Ganz klar fallen die über 50-Jährigen hier zurück und im Geschlechtervergleich liegen Frauen deutlich zurück. Insgesamt muss festgehalten werden, dass noch ein erheblicher Teil der Bevölkerung dem Diskurs zu digitalen Themen nicht folgen kann.

---

[88] Die Werte weichen aufgrund anderer Parameter von der obigen Liste ab.

Insgesamt hält die D21-Studie fest: „Digitale Fertigkeiten und Kenntnisse sind in der deutschen Bevölkerung insgesamt mittelmäßig verbreitet. Immerhin beherrscht jeder zweite Deutsche die meisten der abgefragten Fähigkeiten mit (eher) hoher Kompetenz, aber keine wird von mehr als 70 Prozent mit (eher) hoher Kompetenz beherrscht. Ferner sind die Kenntnisse im Umgang mit digitalen Themen sehr unterschiedlich verbreitet. Während die meisten sich eine Internetrecherche (z. B. über Google) zutrauen, können nach eigenen Angaben gerade einmal 13 Prozent eine Programmiersprache."

Diese Daten machen an mehreren Stellen sichtbar, dass die digitalen Kompetenzen in der Bevölkerung unterschiedlich verteilt sind und damit der Zugang zu den Mitteln der Kommunikation und der Informationsbeschaffung für einige Bevölkerungsgruppen erschwert werden. Diese Problematik wird unter den Begriffen „digital divide", „digital gap" bzw. digitale Kluft analysiert und durchaus kontrovers diskutiert. [89]

3.1.3 Digitale Kluft in der Bevölkerung

Bei einigen Bevölkerungsgruppen lässt sich eine deutliche geringere digitale Kompetenz in spezifischen Bereichen feststellen.

* In Deutschland sind 19 Prozent niemals und 6 Prozent sehr selten im Internet, sie sind „Offliner" bzw. „Minimal Onliner" und geben zu 81 Prozent als Begründung an, dass sie sich für dieses Medium nicht interessieren, jeweils 30 Prozent sehen keinen Nutzen für sich und kommen mit den klassischen Medien aus.

* Offliner sind durchschnittlich 70 Jahre alt und 64 Prozent von ihnen sind Frauen. Die Bildungsabschlüsse sind mehrheitlich nicht über dem Pflichtschulabschluss. Hier sind auch die ökonomisch schwächsten Personen besonders stark vertreten.

* Bei den unter 30-Jährigen liegt die Nutzungsbreite aber schon bei 99 Prozent, ab dem 65. Lebensjahr sind es 48 Prozent.

* Der Anteil von Frauen, die digitale Begriffe gut erklären können, ist quer durch alle Altersgruppen geringer als der Anteil unter den Männern, angefangen von Cookies (52 Prozent/65 Prozent) über Algorithmus (33 Prozent/53 Prozent) bis E-Government (14 Prozent/24 Prozent).

---

[89]   Wikipedia (o.A.b)

Allerdings kommen 36 Prozent der Bevölkerung bereits halbwegs mit den digitalen Anforderungen zurecht und 39 Prozent sogar gut bis sehr gut.

Personen mit hoher Bildung sind klar im Vorteil, wenn es darum geht, die Bedeutung von Datenschutz im Internet einzuschätzen, und auch Personen über 50 Jahren ist in viel geringerem Ausmaß als den Jüngeren bewusst, dass Internet-Dienste Daten an andere Firmen weitergeben können.

Bei der Ausstattung mit geeigneten Geräten zur mobilen beruflichen Nutzung gibt es ein Gefälle zwischen den Geschlechtern. Die D21-Studie führt aus: *„Männer erhalten von ihren Arbeitgebern viel häufiger die notwendigen Geräte und Systeme, um auch mobil arbeiten zu können. Diese sind, z. B. als Statussymbol, häufig Management- und Führungspositionen vorbehalten, in denen Frauen eher unterrepräsentiert sind, müssten aber allen Arbeitnehmenden Zugang zu Flexibilität und Modernität ermöglichen."*[90]

3.1.4 Digitale Kluft der Generationen

Die Soziologie untersucht den Umgang unterschiedlicher Bevölkerungsgruppen mit der digitalen Welt. Sie geht dabei – recht pauschal – von den Geburtsjahrgängen aus:

* bis 1955 Traditionalisten

* 1955–1969 Babyboomer: Leben um zu arbeiten

* 1965–1980 Generation X: Arbeiten um zu leben

* 1980–2000 Generation Y: Arbeit und Leben verbinden (sog. Work-Life-Balance)

* 1995–2010 Generation Z: Hier die Arbeit – da mein Leben

Am besten erforscht ist die Generation Y. Diese Menschen sind jetzt (2018) zwischen 18 und 38 Jahren alt. Für sie gelten – laut Forschung – Werte wie Teamwork, Vernetzung und Optimismus. Es ist die 24-Stunden-online Generation und sie nutzt ganz selbstverständlich das Internet 2.0. Für diese Generation wurde auch der Begriff „Digital Natives" geprägt im Unterschied zur Vorgängergeneration, die nicht schon digital aufgewachsen ist, sondern sich

---

[90] Initiative D21 e.V. (2018), S. 52

diese Welt erst erobern musste (Digital Immigrant). Es gibt auch schon erste Bemerkungen darüber, dass die Generation, die mit dem Smartphone und „Alexa" aufwächst, eine noch größere Selbstverständlichkeit im Digitalen an den Tag legt als die Generation Y. Das Smartphone findet erst seit 10 Jahren weite Verbreitung!

3.2 Klassische Medien – Soziale Medien – Blasen und Fake News

Die klassischen Medien, wie Tageszeitungen und Wochenmagazine, bieten schon lange zusätzliche digitale Varianten ihrer Produkte. Eine deutsche Studie[91] zeigt, dass diese Medien im Zeitraum 2015 bis 2017 am Wochenende nichts an Attraktivität eingebüßt haben. Das gilt auch für das klassische Fernsehgerät und das Radio. Unter der Woche treten aber bei all diesen Medien Rückgänge bis zu 10 Prozent auf.

Bei online-Mediennutzung sind die Smart-TVs und Smartphones stark im Wachsen, während die über Laptop und Desktop-Computer allgemein zurückgeht.

Als „Soziale Medien" werden jene digitalen Plattformen im Internet bezeichnet, die es den Benutzern erlauben, sich zu vernetzen, Informationen direkt individuell oder in großen Gruppen gleichzeitig auszutauschen. Der Begriff „sozial" bedeutet in diesem Zusammenhang keine persönliche Beziehung, sondern einfach die technische Möglichkeit der Vernetzung. Besonders erfolgreich sind auf diesem Gebiet z. B. die Produkte Facebook, Twitter, Instagram und Xing. Für direkte Nachrichten zu Einzelpersonen oder kleineren Gruppen werden sogenannte Messenger-Dienste eingesetzt, unter denen besonders WhatsApp, Skype und der Facebook-Messenger erfolgreich sind.

Informationen können in der digitalen Welt wesentlich rascher verbreitet und beschafft werden. Doch auch Falschmeldungen sind in kürzester Zeit verbreitet, wenn sie genügend Aufmerksamkeit auf sich ziehen können. In Zusammenhang mit politischen Entscheidungsprozessen hat sich dafür der Begriff „fake news" etabliert.

Weil die – tatsächlich – unendliche Informationsflut einer Strukturierung bedarf, unterstützen die Sozialen Medien, aber auch Suchmaschinenanbieter, ihre Nutzer mit automatisierten Prozessen

---

[91] BVDW (2018)

(Algorithmen) bei der Auswahl entlang ihrer eigenen Interessen, die sich aus der vorangegangenen Nutzung ergeben. So entstehen die „bubbles" – Informationsblasen, die den Nutzer/innen im Alltag nicht mehr auffallen. Abweichende Meinungen tauchen in der timeline der präsentierten Postings (Informationseinheiten) gar nicht mehr auf.

Den Begriff der „Filterblase" prägte Eli Pariser in seinem gleichnamigen Buch erstmals 2011.[92] Er beschreibt darin anhand vieler Beispiele die Auswirkungen der Filterblase. Im Dezember 2009 veröffentlichte Google eine Ankündigung, dass fortan Berechnungen anhand von Daten, die über Nutzer verfügbar sind, genutzt werden, um die Internetsuche an die potentiellen Erwartungen anzupassen. Diese Daten können den Ort, an dem man sich befindet (z. B. GPS-Daten des Smartphone), den verwendeten Browser, die gesuchten Begriffe, u.v.m. beinhalten. Ein Algorithmus passt demnach die Ergebnisse auf Ihre Suchanfrage an Ihre Welt an (z. B. was Sie gerne essen, wo Sie Ihren Spaziergang machen und ob Sie Haustiere haben) – und schließt gleichzeitig andere Ergebnisse aus. Annahmen werden bestätigt, weil keine gegenteiligen Informationen mehr durchdringen. Die Blase verändert, wie wir an Informationen und Ideen gelangen.[93] Abhilfe verschaffen kann man sich durch technische Einstellungen, die das Übermitteln von personenbezogenen Daten unterbinden oder zumindest auf das notwendigste reduzieren, der Filterblase kann man aber nur durch gezieltes Hinschauen entgehen.

Das Internet mit seinen Sozialen Medien wird ferner auch von einer neuen Berufsgruppe genutzt: den Influencern. Diese verdienen ihr Geld durch Werbemaßnahmen in ihren Kanälen bzw. indem sie Produkte vorstellen. Je mehr „Follower" sie haben, desto mehr Geld können sie verdienen. Die Grundannahme ist, dass Kaufentscheidungen durch Kundenmeinungen und Bewertungsportale sowie durch Empfehlungen beeinflusst werden. Empfehlungen finden Ratsuchende bei glaubwürdigen und authentischen Informationsquellen – in Person des Influencers. Sie prägen mit ihrer Darstellung ein bestimmtes Thema und damit auch das Kaufverhalten.[94]

---

[92]   Pariser (2017), S. 9 ff.
[93]   Pariser (2017), S. 17
[94]   Deges (2018), S. 1

3.3 Wirtschaft

3.3.1 Industrie 4.0

Grundsätzlich bezieht sich die häufig benutzte Begriffskonstellation „Industrie 4.0" auf die digitale Vernetzung von digitalen Systemen, sodass ein zur Zweckerfüllung definiertes System entsteht, z. B. ein selbst regulierendes System. Damit sind Systeme beschrieben, in denen Maschinen, Aufträge oder Produkte in Echtzeit miteinander und mit dem Menschen über das Internet verbunden sind und kommunizieren. Die klassische Automatisierungspyramide wird aufgelöst. [95]

Maschinen überprüfen sich selbst, bestellen Material autonom und sichern selbständig die Entsorgungswege. Damit sind Abläufe beschrieben, die auch für andere Wirtschaftszweige im Rahmen der Digitalisierung anstehen und auch im privaten Umfeld zunehmend genutzt werden. Die Digitalisierung findet in allen Branchen Einzug, nicht nur in Industrie, sondern auch im Handel, der Finanzwirtschaft und im Maschinenbau. Den Handel haben digitale Riesen verändert, in der Finanzwirtschaft dienen Big Data-Analysen der Beurteilung von Risiken, Künstliche Intelligenz als Anwendung handelt mit Aktien schneller, als Menschen es könnten.

Mit den hochvernetzten Technologien sind fast überall Einsparpotenziale durch eine Steigerung der Gesamtproduktivität möglich.[96]

3.3.2 Volkswirtschaft in Veränderung

Warum sollten wir uns in der Sozialwirtschaft mit den digitalen Entwicklungen einzelner Wirtschaftszweige beschäftigen? Weil alle drei Sektoren einer Volkswirtschaft (Land- und Forstwirtschaft – Industrielle Produktion – Dienstleistungen) zueinander in Beziehung stehen. Regionalwirksame Wechselwirkungen, konjunkturelle Entwicklungen und schlichtweg die Entwicklung von Technologien durch Firmen für Privatanwender wirken auf die Handlungsfelder der Sozialwirtschaft. Zu gut wissen einzelne Segmente der Sozialwirtschaft, dass die ohnehin knappen Budgets bei Steuerrückgang gerne noch enger werden.

---

[95] Bauernhansl (2017), S. 32 ff.
[96] Bauernhansl (2017), S. 32

Nicht nur die Wirtschaft kennt den Fachkräftemangel, auch die Sozialwirtschaft hat Probleme, in gewissen Segmenten Fachkräfte zu finden. Vor allem in der Betreuung älterer Menschen (mobile Pflegedienste und Pflegeheime) fehlt es an Fachkräften, wozu auch der stetig steigende Bedarf an Pflege, hervorgerufen durch den demografischen Wandel, seinen Teil dazu beiträgt. In der öffentlichen Diskussion wird hier gerne der Begriff „Pflegenotstand" verwendet. In Deutschland wird aktuell auch über den Fachkräftemangel bei den Erziehern und Erzieherinnen diskutiert.

Die wirtschaftliche Leistung vieler Firmen hängt von unterschiedlichsten Faktoren ab, die nicht nur in einer Volkswirtschaft zu finden sind (z. B. der Preisentwicklung von Grundstoffen oder der Nachfrage des Auslands). Die Sozialwirtschaft hingegen entspricht einem sicheren Wachstumsfaktor für die gesamtwirtschaftliche Entwicklung. Die inländische Nachfrage nach sozialen, pflegerischen und gesundheitlichen Dienstleistungen steigt stetig. Der wirtschaftliche Beitrag der Sozialwirtschaft zu der gesamtwirtschaftlichen Konjunktur wird immer bedeutsamer.[97]

3.3.3 VUCA-Welt

Tradierte und erprobte betriebswirtschaftliche Konzepte und Strategien sind im letzten Jahrzehnt erheblich ins Trudeln geraten. Um die vielfältig veränderten Rahmenbedingungen, die die Wirtschaft vorfindet, wird gerne ein Begriff genutzt, der von den Militärs nach

V olatility	Unbeständigkeit
U ncertainity	Unsicherheit
C omplexity	Komplexität
A mbiguity	Mehrdeutigkeit

dem Zusammenbruch der UdSSR entwickelt worden war: die VUCA-Welt. Dieses Akronym wird aus den Anfangsbuchstaben der Begriffe Volatility, Uncertainity, Complexity und Agility zusammengesetzt. In einer Welt, die von diesen Merkmalen geprägt ist, können Entwicklungen nicht mehr zuverlässig prognostiziert werden und Strategien für mittel- und langfristige Investitionen können nicht mehr wie gewohnt geplant und Schritt für Schritt umgesetzt werden, denn ständig drohen überraschende neue Entwicklungen. Erfahrung

---

[97]   Rada et al. (2017), S. 30

und Wissen verlieren an Wert und rasche Adaptierungen an die komplexen und dynamischen Veränderungen in der Unternehmensumwelt sind gefordert.

Bei der Suche nach Antworten auf diese Herausforderungen kamen starke Impulse aus jenem Bereich, der bereits viel Erfahrung mit raschem Reagieren auf veränderungsfreudige Umwelten hat: die Softwareentwicklung. So kommen Methoden wie agiles Management und Lean Digitization[98] ins Zentrum der Aufmerksamkeit. Technische Errungenschaften und neue Formen der Produktentwicklung führen sogar zu umfassenden Umstrukturierungen gesamter Unternehmen (siehe Kapitel 4).

3.4 Arbeitswelt

Die wissenschaftlichen Szenarien erkennen in der Arbeitswelt 4.0 einerseits wunderbare Zukunftsszenarien für die Industrie und die Arbeitsbedingungen, andererseits wird ein massiver Verlust von Arbeitsplätzen befürchtet. Wir sollten uns daher mit drei Entwicklungstendenzen auseinandersetzen:

1. dem Verlust von Arbeitsplätzen

2. der Veränderung von Arbeitsplätzen durch veränderte Anforderungsprofile

3. der Zusammenarbeit mit einem digitalen Arbeitskollegen (Roboter, Künstliche Intelligenz)

Das schweizerische Staatssekretariat für Wirtschaft (SECO) gab die Studie „Die Entwicklung der Kompetenzanforderungen auf dem Arbeitsmarkt im Zuge der Digitalisierung" in Auftrag, die im November 2017 veröffentlicht wurde.[99] Die Studie hatte zum Ziel, die Veränderungen der Kompetenzanforderungen auf dem schweizerischen Arbeitsmarkt im Zuge der Digitalisierung in den letzten zehn Jahren empirisch zu untersuchen.

Eine Erkenntnis aus dieser Studie ist, dass in der Literatur für gewöhnlich zwischen drei Mechanismen unterschieden wird, wie die Digitalisierung auf den Arbeitsmarkt einwirkt:

---

[98] Weinreich (2016), S. 12 ff.
[99] Aepli et al. (2017)

1. veränderte/neue Produktionsprozesse (z. B. technischer Fortschritt, erhöhte Produktivität)
2. das Entstehen neuer (individualisierter) Produkte
3. das Entstehen neuer (häufig tieferer) Vertriebskanäle

Aus Sicht der Belegschaftsvertretung werden die Themen Arbeitsplatzsicherung und Auslagerung in die Crowd, ständige Erreichbarkeit, Flexibilisierung, der „gläserne Arbeitnehmer" und Qualifizierungsfragen als zentrale Herausforderungen identifiziert.[100]

Vertiefende Informationen rund um das Thema Arbeitswelt der Zukunft gibt es in umfangreicher Form. Zwei Publikationen dazu, auf die in diesem Buch immer wieder verwiesen wird, sind der Sammelband Industrie 4.0 (Herausgeber Andelfinger/Hänisch)[101] und das Weißbuch Arbeiten 4.0 vom deutschen Bundesministerium für Arbeit und Soziales, das auch elektronisch abrufbar ist[102]. Zum Prozess, der hinter dem Weißbuch steht, gibt es eine umfassende Homepage, auf der sich ein Besuch lohnt: www.arbeitenviernull.de.

3.4.1 Jobs gehen verloren und entstehen neu

Die negativen Trendaussichten, dass „Algorithmen bald massenhaft Jobs killen", d.h. die Digitalisierung bald für einen starken Anstieg der Arbeitslosigkeit sorgen wird, gehen sukzessive zurück. Waren die ersten Studien, vor allem jene von Frey und Osborne aus den USA, sehr negativ und schätzten mit etwas weniger als 50 Prozent Jobverlust, so gibt es die ersten mikroökonomischen Studien, die für Deutschland etwa gleich viel Arbeitsplatzverlust wie Stellengewinne prognostizieren. Ein Trend zeichnet sich jedoch unabhängig von den genannten Zahlen ab: Die Roboter verlieren ihren Schrecken – der Alarmismus klingt ab. Der Chefökonom der österreichischen Industriellenvereinigung, Christian Helmenstein, meint, dass sich jedenfalls die Machtverhältnisse in der Wirtschaft neu verteilen werden.[103]

Immer wieder werden wissenschaftliche Arbeiten präsentiert, die den dramatischen Verlust von Arbeitsplätzen voraussagen, andere prophezeien Veränderungen der Arbeitsformen und wieder andere

---

[100] Schwarzbach (2016); Reiser (2018)
[101] Andelfinger/Hänisch (2017)
[102] Bundesministerium für Arbeit und Soziales (2016)
[103] Die Presse (2018)

sehen nur einen ganz normalen Änderungsprozess auf uns zukommen. Diese Studien gehen jeweils von unterschiedlichen Perspektiven aus: was ist technisch machbar, was ist betriebswirtschaftlich rational und was ist gesellschaftlich verträglich. Daher können diese Publikationen nur Teilaspekte beleuchten. Für die Einschätzung der tatsächlichen Entwicklung ist eine umfassende Auseinandersetzung nötig und es wird in verschiedenen Bereichen der Arbeitswelt durchaus unterschiedliche Verläufe geben.

Insgesamt sind zukünftige Arbeitswelten ungewiss, es gibt kein einheitliches Bild von der künftigen Arbeitswelt. Idealisiert wird die zukünftige Arbeitswelt (Stichworte: Eigenverantwortung, Selbstentfaltung, qualitative Anreicherung der Arbeit). Demgegenüber stehen pessimistische Trendaussagen (die Digitalisierung krempelt die Arbeitswelt komplett um).[104]

Grundlage aller Trendaussagen ist die Annahme, dass durch die Digitalisierung Tätigkeiten wegfallen werden. Betroffen sind hierbei vor allem regelmäßige, routinemäßige Tätigkeiten auf allen hierarchischen und das Qualifikationsniveau betreffenden Ebenen. Beispielsweise das Controlling, das nach dem Aufbau des Controllingsystems durch eine Künstliche Intelligenz ausgeführt wird und bei Erreichen gewisser, vordefinierter Werte selbstständig Handlungsbedarf meldet. Die Anzahl der Controllerinnen, die für die Aufrechterhaltung eines derartigen Systems notwendig sind, ist deutlich geringer als jenes System ohne Künstliche Intelligenz. Auch wird immer wieder das Beispiel des Lagermitarbeiters oder Kommissionierers in der innerbetrieblichen Logistik genannt. Autonom fahrende Stapler und Lagerhaltungssysteme ersetzen deren Tätigkeiten. Nach wie vor werden Lageristen benötigt, um die autonom fahrenden Systeme zu überwachen. Die Qualifikationsanforderungen unterscheiden sich von den bisherigen deutlich.

Der Grad der Digitalisierung an den Arbeitsplätzen schafft auch neue Arbeitsbereiche. Beschreibende Ideen dessen, welche Positionen in Zukunft benötigt werden, gibt es bereits.[105] Dazu gehören Schulungsmitarbeiter, die für Wissenstransfer sorgen, Ideenmanager oder Roboter-Koordinatoren, die als zukünftige Rollen bei einer

---

[104] Ahrens/Gessler (2018), S. 159
[105] Hermann et al. (2017), S. 231 ff.

Untersuchung der Boston Consulting Group identifiziert wurden.[106] Grundlage der Betrachtung sind zehn Use Cases von Industrie 4.0 und deren Auswirkungen auf deutsche Unternehmen: Qualitätssicherung auf Basis von Big Data, roboterassistierte Produktion, autonome Fahrzeuge in der Logistik, Simulation von Produktionslinien, smartes Netzwerk an Zulieferern, predictive maintenance, machine as a service, selbstorganisierende Produktion, additive Fertigung komplexer Teile und augmented work, maintenance und service.[107]

3.4.2 Qualifikationsbedarf

Anforderungsprofile an Berufe und Funktionen/Stellen werden sich ändern. Mit der steigenden Digitalisierung wächst auch die Notwendigkeit, sich Wissen anzueignen, wie mit neuen Programmen und Anwendungen umgegangen und wie neue Abläufe und Kanäle bedient werden können. Das Wissen, das für den Umgang mit einer digitalisierten Arbeits- und Lebenswelt notwendig ist, nennt sich „Digitale Kompetenz".

Johannes Kopf, Mitglied des Vorstandes des Arbeitsmarktservice Österreich erklärt in einem Interview anlässlich der New Skills Gespräche, dass die Unbestimmtheit zukünftiger Anforderungen in der Arbeitswelt an sich kein neuer Umstand ist. Welche Qualifikationsanforderungen gefragt sein werden, könne man nur kurzfristig prognostizieren.[108]

Das nachfolgende Beispiel einer realen Situation in einem Unternehmen zeigt, wie vielfältig digitale Kompetenzen sein können:

Beispiel:

Eine Abteilung übersiedelt in ein größeres Büro. Die Abteilung wächst, da mit der Digitalisierung neue Aufgaben abgedeckt werden müssen. Die Mitarbeiterstruktur ist – bis auf das Männliche – sehr heterogen: Lehrberuf, Abitur/Matura bis hin zu Studienabschluss, alle Altersklassen. Ein Mitarbeiter unterrichtet in

---

[106] Lorenz et al. (2015), S. 12
[107] Lorenz et al. (2015), S. 5 ff.
[108] AMS Österreich (2018), S. 1

einer Bildungseinrichtung das Planen mittels CAD-Software[109] und meldet sich, einen Plan zu erstellen, wie die vielen notwendigen Arbeitsplätze in den doch kleinen Raum passen könnten. Er rückt mit dem Zentimeter aus und vermisst den Raum, berücksichtigt den Lichteinfall (Arbeitsmedizinische Anforderungen), besorgt sich den Verkabelungsplan vom Elektrotechnikplaner und denkt bezüglich Türen sogar an ein paar Grundsätze des Feng-Shui. Der ganze Vorgang dauert über 2 Wochen (die Planung geschieht neben dem Tagesgeschäft). Bei der Abteilungsbesprechung stellt er den Tischplan vor und erntet Gelächter: Er hatte eine tragende Säule vergessen, sein Plan lässt sich nicht umsetzen. Noch während der Abteilungsbesprechung nimmt ein anderer Kollege sein (Firmen-)Smartphone zur Hand, macht Fotos vom Raum, den Fenstern, Türen und Steckdosen, von den Tischen und der zu verwendenden Einrichtung. Nach 10 Minuten Unruhe hat eine App auf seinem Smartphone einen Vorschlag erstellt, der sogar einen Tisch mehr unterbringt als notwendig wäre. Sie können in der Abteilung nun auch Praktikanten Platz bieten. Der Mitarbeiter mit dem Smartphone hat keine Ausbildung und auch kaum Ahnung in Raumplanung oder der Anwendung von CAD-Software.

> Stellen Sie sich die Frage: Kennen Sie die digitalen Anforderungsprofile für Ihre Stellen und Funktionen? Haben Sie diese schriftlich festgehalten, kommunizieren Sie diese bei Stellenausschreibungen und erfragen Sie diese bei Bewerbungen?

Der erstaunliche an diesem Beispiel: Alle Beteiligten besaßen ein hohes Maß an digitaler Kompetenz. Die Anwendung und das Prozesswissen, wie die vorhandenen Ressourcen – also das Smartphone und das geringe Platz- und Zeitbudget – optimal ausgeschöpft werden können, hatte jener Mitarbeiter mit dem Smartphone. Die herkömmliche Herangehensweise wurde von einer völlig anderen Realität eingeholt: Disruption. Viele Menschen, denen wir als Autoren dieses Beispiel erzählen, meinen, dass es überhaupt schon ein Glück sei, wenn es Mitarbeiter und Mitarbeiterinnen gibt, die die erforderlichen Kompetenzen haben oder dass es ja auch eigene Berufsgruppen

---

[109] CAD heißt Computer Aided Design und meint die Unterstützung von Konstruktion von Produkten mit Hilfe von IT-Programmen.

gäbe, die diese Planung übernehmen hätten können, es scheint als könne man künftig vieles selbst (in der eigenen Organisation) erledigen.

In der Auseinandersetzung mit der Gestaltung digitaler Arbeitsumgebungen wird in der Literatur immer wieder darauf verwiesen, dass Lernen ein wichtiger Teil von digitaler Arbeitsplatzqualifizierung ist. Lernen im Prozess der Arbeit ergänzt die Möglichkeiten lebenslangen Lernens jenseits klassischer Weiterbildung in Bildungseinrichtungen.[110]

Analog zum Referenzrahmen für Sprachen hat die EU einen Referenzrahmen für digitale Kompetenzen herausgegeben[111], der in Abschnitt 6.3 ausführlicher dargestellt und diskutiert wird.

3.4.3 Neue Formen von Arbeit und Beschäftigungsverhältnissen

War bislang Arbeit an einen Arbeitsplatz gebunden, schafft die Digitalisierung neue Möglichkeiten, Arbeitsleistung ortsunabhängig und zeitlich entkoppelt zu gestalten. Die Organisation der Arbeit ändert sich. Dazu tragen Faktoren wie der kostengünstige Zugang zum Internet und die massenhafte Verbreitung von mobilen Endgeräten bei.

Aufgaben werden in kleine Teilaufgaben zerlegt und auf virtuellen Plattformen angeboten, sogenannte Arbeitskraftanbieter erledigen die angebotenen Aufgaben. Wenn es sich bei dieser Art der Arbeit um die einzige Einkommensform handelt, wird die Arbeit in einem prekären Verhältnis erbracht, da durch die fehlende Einbindung in betriebliche Strukturen die in Europa gültigen Arbeitnehmerschutzrechte nicht zutreffen.

Die beschriebene Art der Arbeitsleistungserbringung wird Cloudworking genannt. Dahinter steht das Konzept des Crowdsourcing, eine spezifische Form der Nutzbarmachung der Ressourcen unterschiedlicher Akteure (über das Internet)[112] bzw. eine beteiligungsorientierte Form des Produzierens.[113]

Zu unterscheiden sind an dieser Stelle Plattformen für Crowdsourcing, welche von Organisationen etabliert wurden, um sich an Externe zu richten und Plattformen, die eine Vermittlungsfunktion zwischen

---

[110] Hartmann (2015)
[111] EU (2018a)
[112] ver.di (2014), S. 5
[113] ver.di (2014), S. 20

Organisationen und Einzelpersonen einnehmen. Zum Phänomen Plattform siehe auch Abschnitt 2.6.6.

Crowdsourcing-Plattformen in Vermittlungsfunktion sind häufig auf bestimmte Aufgabenstellungen spezialisiert. Damit wird die Crowd zur organisierten Produktivkraft, die für Unternehmen adressierbar ist.[114] Zum Phänomen „Crowd" siehe Abschnitt 2.6.3. Die Aufgabenstellungen reichen dabei vom Sammeln von Ideen über die Erledigung von Mikroaufgaben bis hin zu Aufgaben, für die hohe fachliche Kompetenz notwendig ist. Auch wurde Crowdsourcing schon zum Trainieren von Künstlicher Intelligenz eingesetzt.[115]

Joachim Rock beobachtet in diesem Zusammenhang die Gefahr, dass die Qualifikation der Personen, die die Leistung erbringen, nicht mehr vom Unternehmen sichergestellt und unterstützt wird.

Mit der „Verplattformung" (...) verschwindet auch der Arbeitgeber als Initiator und Finanzier von Qualifizierung: Zertifikatsorientierte Qualifikationen verlieren gegenüber den digitalen Zeugnissen der Neuzeit, etwa den Kundenbewertungen im Internet, an Gewicht. Das einheitliche Anforderungsprofil und Berufsbild erodiert. [116]

Einen neuen Stellenwert in der Arbeit wird auch die Zusammenarbeit mit einem digitalen Arbeitskollegen einnehmen. Diese gibt es auch jetzt schon in unterschiedlichsten Ausprägungen und Formen: Roboter in der Industriemontage, Anwendungen wie Chatbots sowie Künstliche Intelligenzen, die Handlungsempfehlungen abgeben. In Deutschland und Österreich werden zum Beispiel die Beraterinnen des Arbeitsmarktservice bei der Einschätzung der Arbeitsmarktintegration von Arbeit suchenden durch einen Algorithmus unterstützt (mehr dazu in Abschnitt 3.5.2 d) Deutschland und Österreich – Arbeitsmarktchancen).[117]

3.5 Der digitale Staat

3.5.1 Digitale Behördeninfrastruktur

Länder in allen Regionen der Welt stellen öffentliche Onlineservices zur Verfügung. Nicht selten entstehen in diesen Anwendungen wie

---

[114] ver.di (2014), S. 7
[115] Schwan (2018)
[116] Rock (2018), S. 39
[117] Szigetvari, Andras (2018) und Knecht, Alban et al. (2018)

oben beschrieben Daten, die bewusst gesammelt werden, um aus den daraus gewonnenen Analysen Handlungen abzuleiten.

Digitalisierung hält schon seit längerem in der öffentlichen Verwaltung Einzug: in Form von E-Government. E-Government (auch electronic government) bezeichnet die Durchführung von Prozessen der öffentlichen Willensbildung, der Entscheidung und der Leistungserstellung in Politik, Staat und Verwaltung unter sehr intensiver Nutzung der Informationstechnik (kurz: IKT).[118]

Die Art, wie wir mit öffentlichen Institutionen interagieren, wird durch Digitalisierung verändert. Beim österreichischen Arbeitsmarktservice können Termine online vereinbart werden. Nach der Geburt eines Kindes in Österreich meldet das Standesamt des Geburtsortes alle Daten rund um die Geburt gleichzeitig an verschiedene Behörden, sodass die frisch gebackenen Eltern weder in der Wohnsitzgemeinde, noch beim Sozialversicherungsträger oder beim Finanzamt für die Familienbeihilfe vorstellig werden müssen. Dies alles erledigt im Hintergrund eine Software mit Schnittstellen zu unterschiedlichen Trägern der staatlichen Landschaft. Zumeist erfolgt der Zugang zu den Daten mit einer digitalen Signatur.

In Deutschland ist man hier leider noch nicht so weit. Allerdings soll nun zumindest die Beantragung von Elterngeld online möglich werden. Im Oktober 2018 startete Bundesfamilienministerin Franziska Giffey gemeinsam mit den Bundesländern Berlin und Sachsen die Pilotphase von „Elterngeld digital" (www.elterngeld-digital.de).[119]

Die Europäische Kommission erstellt jährlich differenzierte Berichte unter dem Titel „Digital Economy and Society Index (DESI)". Ein eigener Bereich widmet sich den „Digital Public Services" und dort rangiert die BRD im Jahr 2018 auf Platz 21, Österreich auf Platz 8.

Auch die UN-Abteilung für wirtschaftliche und soziale Zusammenarbeit veröffentlichte im Juli 2018 eine Studie zum globalen Fortschritt von E-Government in über 40 Ländern.[120]

---

[118] Definition des Fachausschusses für Verwaltungsinformatik der Gesellschaft für Informatik, zitiert nach Heuermann et al. (2018), S. 34
[119] Pressemitteilung des Bundesministeriums für Familie, Senioren, Frauen und Jugend vom 16. Oktober 2018
[120] UN Department of Economic and Social Affairs (2018)

Die aktuelle Studie von 2018 nennt Dänemark, Australien und die Republik Korea mit den höchsten Werten des Index (siehe Abbildung 8: E-Government Index der UN)[121]. Deutschland landet hier – aufgrund anderer Kriterien – auf Platz 12, die Schweiz auf Platz 15 und Österreich auf Platz 20.[122] Der Index betrachtet den Umfang und die Qualität der Onlineservices, den Status der Infrastruktur (Telekommunikationsnetz das den potentiellen Zugang zum Internet ermöglicht) und die vorhandenen menschlichen Ressourcen (Fachkräfte usw.). Abgebildet wurden mit der Studie 2018 auch erstmals lokale E-Governmententwicklungen, Portale von Gemeinden bzw. Städte in allen untersuchten Ländern. Diese Bewertung führt Moskau vor Cape Town und Tallinn an.[123]

Top Leading Countries in E-Government Development				
Country	Region	Subregion	EDGI	Rank
Denmark	Europe	Northern Europe	0.9150	1
Australia	Oceania	Australia and New Zealand	0.9053	2
Republic of Korea	Asia	Eastern Asia	0.9010	3
United Kingdom	Europe	Northern Europe	0.8999	4
Sweden	Europe	Northern Europe	0.8882	5
Finland	Europe	Northern Europe	0.8815	6
Singapore	Asia	South-Eastern Asia	0.8812	7
New Zealand	Oceania	Australia and New Zealand	0.8806	8
France	Europe	Western Europe	0.8790	9
Japan	Asia	Eastern Asia	0.8783	10
United States of America	Americas	North America	0.8769	11
Germany	Europe	Western Europe	0.8765	12
Netherlands	Europe	Western Europe	0.8757	13
Norway	Europe	Northern Europe	0.8557	14
Switzerland	Europe	Western Europe	0.8520	15

Abbildung 8: E-Government Index der UN[124]

---

[121] UN Department of Economic and Social Affairs (2018), S. 88
[122] 2016 waren die Plätze noch: BRD 15, CH 28 und AT 16
[123] UN Department of Economic and Social Affairs (2018)
[124] Grafik entnommen aus der Pressemeldung zur E-Government Studie 2018: http://workspace.unpan.org/sites/Internet/Documents/UNPAN98558.pdf

Global betrachtet führt Europa in der E-Governmententwicklung, dicht gefolgt von Amerika und Asien, wohingegen viele Länder in Afrika auf der Stelle treten. Allgemein lässt sich eine positive Korrelation zwischen dem Einkommensniveau und der Entwicklung von E-Government in einem Land feststellen.

Beispiele für E-Government aus unterschiedlichen Ländern der Welt können in einer Datenbank der UN recherchiert werden.[125] Die Merkmale der Digitalisierung finden sich auch hier wieder: Kundenorientierung, Skalierungseffekte, Arbeiten in Netzwerken, die community. Die EU-Kommission will den Wissensaustausch zwischen den Mitgliedsstaaten fördern und hat eine Plattform namens „Joinup" ins Leben gerufen. Öffentliche Institutionen können diese nützen, um ihre eGovernment-Anwendungen zu teilen. Bestehende Anwendungen können von anderen Institutionen genutzt und an die eigenen Bedürfnisse angepasst werden.[126]

Eine weitere Studie – der eGovernment MONITOR[127] – legt den Fokus auf die Länder Deutschland, Österreich und Schweiz. Folgende Grafik verdeutlicht einige markante Unterschiede in der Form der Nutzung der eGovernment-Angebote. Die Reihenfolge der Balken in der Grafik beziehen sich – von oben nach unten – auf: Deutschland – Österreich – Schweiz.

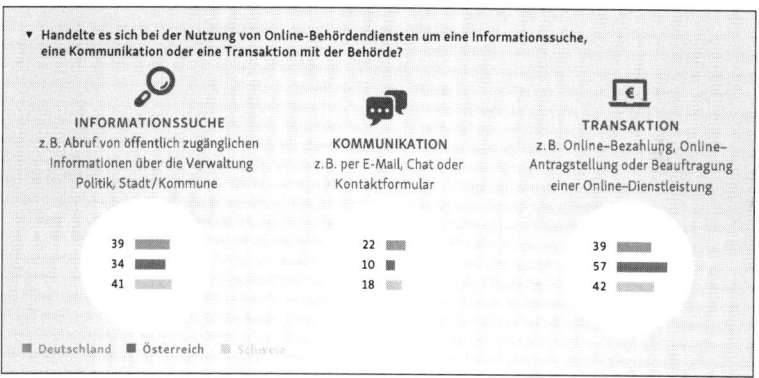

Abbildung 9: Nutzung der eGovernment-Angebote

---

[125] https://publicadministration.un.org/en/casestudies2
[126] https://joinup.ec.europa.eu/
[127] Initiative D21 e.V. (2018b)

E-Government als alleinigen Weg der Partizipation und Bürgerinformation zu sehen ginge aber zu weit. Je nach Anwendung kann Digitalisierung auch zu einer Benachteiligung von Bevölkerungsgruppen führen, was wir dann in den Auswirkungen sehr stark in den Sozialen Unternehmen bei unserer täglichen Arbeit spüren (werden). Viele Bürger wollen einen bequemen und unkomplizierten Zugang zu digitalen Leistungen. Gleichzeitig fordern sie den Schutz ihrer Privatsphäre. Sie möchten über den aktuellen Stand ihrer Anliegen online informiert werden. Parallel wünschen sie sich aber nicht zum „gläsernen" Bürger, zur „gläsernen" Bürgerin zu werden. Sie bevorzugen eine schnelle Bearbeitungszeit ihrer laufenden Verfahren und möchten doch nicht ständig und überall erreichbar sein.[128]

3.5.2 Überwachung und Ressourcenzuteilung

a) China – Social Credit

Dass der Staat als nationale Autorität handelt, wird auch in anderen Projekten ersichtlich. Ein Beispiel dafür zeigt sich im „Social Credit System", ein System zur sozialen Bewertung, welches für alle Bürger Chinas ab 2020 verpflichtend sein soll. Kern des Big Data-Projektes ist die Auswertung von Daten über Bürger und Bürgerinnen, die durch positive Verstärkung mit den Mittel von Gamification zu systemkonformen Verhalten anleiten soll.[129] Dieses System fördert sozial oder politisch gewünschtes menschliches Verhalten. Im Kern basiert das System auf Scoring-Verfahren der Finanzwirtschaft, eine statistische Technik, mit der menschliches Verhalten nach bestimmten Kriterien mathematisch ausgewertet und beurteilt wird. Die eingesetzten Algorithmen werden dabei nicht offengelegt.[130]

Eine Studie des MERICS kam zu dem Ergebnis, dass chinesische Medien die Ziele des gesellschaftlichen Bonitätssystems in drei Kategorien beschreiben: Eine Kultur der Integrität schaffen, wirtschaftliche Probleme lösen sowie Regierung(-sführung) verbessern.[131]

---

[128] Krassowski (2017), S. 7
[129] Kleinz (2017)
[130] Krempl (2018)
[131] MERICS (2017)

Mehrere Firmen bauen eigene Systeme auf, um sie dem chinesischen Staat anzubieten. Der größte unter diesen heißt Sesame Credit und ist ein Produkt einer Tochtergesellschaft des Handelskonzerns Alibaba. Bürger und Bürgerinnen erhalten für systemkonformes Verhalten in einem vom Staat erfundenen System Punkte. Sesame Credit wertet unter anderem als Betreiber des Zahlungsdienstes Alipay Aktivitäten seiner Kunden aus. Im Alltag wird kaum noch Bargeld verwendet. Fast alle Geschäfte werden mit Smartphone-Apps erledigt, Bürger hinterlassen so Datenspuren, die Alipay auswerten kann. Daten aus konzerneigenen Diensten werden von Sesame Credit mit Daten aus anderen Quellen, z. B. aus amtlichen Quellen wie Schuldenregistern oder Gerichtsdatenbanken, ergänzt. Ein sich ständig aktualisierender Punktewert steht am Ende dieser Datenanalysen, an denen Bürger/innen derzeit noch freiwillig teilnehmen können.[132] Die technische Infrastruktur (Router, Switches, Server, usw.) müssen in weiten Teilen Chinas genehmigt werden. Es gibt Verordnungen für Foren, Live-Streaming, Content-Management-Systeme oder Online-Kommentare. Die Einhaltung dieser wird auch mit Hilfe Künstlicher Intelligenz kontrolliert.

Die aus europäischer Sicht absurde Überwachung sorgt in einer Toilettenanlage des Himmelstempels in Peking dafür, dass kein Klopapier verschwendet wird. Es mehren sich die Anzeichen, dass die Freiheit, vom Staat in Ruhe gelassen zu werden, in China endgültig vorbei ist.

Systemkonformes Verhalten wird durch höhere Punkte belohnt. Damit zeichnet sich ab, dass Bürgerinnen 2. Klasse weniger Zugang zu Leistungen und mehr Verpflichtungen haben werden. Bereits jetzt existiert eine schwarze Liste.[133] In Henan wird bei Widerstand gegen gerichtliche Zahlungsaufforderungen der Klingelton des Telefons auf ein besonderes Signal umgestellt.[134] Eine chinesische Daten-App greift bereits auf den Punktestand ihrer Mitglieder zu. Weniger Punkte bedeuten dann geringere Chancen einen Partner zu finden. Auch werden bei der Punktevergabe die „sozialen Werte" der Freunde berücksichtigt. Das Ergebnis: Menschen, die nicht dem Punkteschema entsprechen, können so isoliert werden. Bürgerinnen, die Unterhaltszahlungen für ihre Kinder schuldig geblieben sind, können keine Fahrten mit Hochgeschwindigkeitszügen buchen.

---

[132] Kleinz (2017)
[133] Krempl (2018)
[134] MERICS (2018)

Wie das System 2020 aussehen wird und welcher der aktuellen Systemanbieter dann beim staatlichen Einsatz zum Zug kommt, ist noch offen. Die chinesische Führung lässt aber keinen Zweifel, dass diese soziale Analyse kommen werde.[135] Derweilen entstehen ganz neue Geschäftsfelder: Schwarzmärkte für Nutzer, die Hacker anheuern, um ihren „Gesellschaftlichen Bonitätswert" aufzubessern. Die Datensicherheit lässt dabei wohl zu wünschen übrig.[136]

b) Indien – Zugang zur Grundversorgung

Anders als das geplante System der chinesischen Regierung ist die weltweit größte Biometrie-Datenbank „Aadhaar" bereits Realität. Wer in Indien staatliche Hilfe in Anspruch nehmen will, benötigt eine zwölfstellige Aadhaar-Nummer. War die Teilnahme 2009 noch freiwillig, so kommt man seit 2016 nicht mehr ohne diese Nummer aus. Aktuell ist Aadhaar bereits mit der Steuernummer verknüpft und es wird daran gearbeitet, die Datenbank mit Gesundheitsdaten zu vereinen. Ziel der Einführung der Biometrie-Datenbank ist die Eindämmung des Missbrauchs von Sozialleistungen.[137]

Bekannt wurde 2017, dass man sich von Hackern illegal gegen eine Zahlung von ca. 6 Euro Zugang zur gesamten Datenbank verschaffen kann, die Datenbank also nicht sicher ist. Darüber hinaus gibt es viel Betrug, weil bei der Vergabe der Aadhaar-Nummern Ausweisnummern nicht überprüft würden. In der Datenbank gespeichert sind Name, Geburtsdatum, Geburtsort, Geschlecht, Wohnort sowie Name und ID-Nummern der Eltern von über einer halben Milliarde Inder. Ein digitales Foto und mindestens ein biometrischer Datensatz mit Fingerabdrücken aller zehn Finger oder einem Iris-Scan beider Augen werden ebenso hinterlegt. Angaben zur Religions- oder Kastenzugehörigkeit sind explizit verboten. Die Aadhaar-Nummer ist kostenlos und soll lebenslange Gültigkeit haben, die biometrischen Informationen sollen alle fünf Jahre überprüft werden.[138]

Wer keine Aadhaar-Nummer hat, existiert für die Verwaltung und die teilnehmenden Firmen nicht mehr.[139] Wer subventionierten Reis

---

[135]   Kleinz (2017)
[136]   Krempl (2018)
[137]   Kaiser (2017)
[138]   Borchers (2010)
[139]   Krempl (2018)

(für Hungerleidende), Sozialhilfe, Rente oder andere Hilfeleistungen beziehen oder die Schulprüfungen machen möchte, muss sich mit dem Daumenabdruck, der bei Registrierung in der Aadhaar-Datenbank gespeichert wird, ausweisen. Für abgenutzte und nicht maschinell lesbare Fingerabdrücke, nach einem Leben voller harter Handarbeit oder arme Menschen, denen das Geld für die Fahrt in die Stadt fehlt, um ihre Lebensmittelkarten mit Aadhaar-Nummern verknüpfen zu lassen, bedeutet in diesem Beispiel Digitalisierung, dass ihnen überlebensnotwendige Hilfeleistungen nicht (mehr) zugänglich sind. Denjenigen, denen das System helfen soll, bleibt so jede Hilfe verwehrt.[140]

Die Autoren haben eine Hilfsorganisation, die vor Ort im Bereich der Unterstützung von Frauen tätig ist, zur Aadhaar-Datenbank befragt. Dabei wurde in der Diskussion deutlich, dass die der Administration einer derartig hohen Anzahl von Bürgern und Bürgerinnen digitale Mittel erforderlich macht, um einen vergleichsweise fairen Zugang zu Hilfsleistungen zu ermöglichen. Das Thema des Datenschutzes scheint im Sinne der Bedürfnispyramide ein Luxusthema zu sein. Ob eine digitale Lösung eines Staates gut oder schlecht ist, hängt also von der Gesellschaft ab, in der die Lösung umgesetzt wird.

c) Niederlande: für höhere soziale Werte

Wer an dieser Stelle glaubt, wir leben in der Europäischen Union, bei uns gelten gewisse Grundrechte und die Datenschutzgrundverordnung, unsere Staaten dürfen derartige Anwendungen nicht umsetzen, für den kommt hier nun ein Beispiel aus den Niederlanden.

Mit der Software „System Risk Indication", kurz SyRI, sollen in den Niederlanden Lebende als Risikobürger eingestuft werden können. Das Ziel dieser Software ist, Sozialbetrüger mit Hilfe von Big Data-Auswertungen ausfindig zu machen. Eingesetzt wird SyRI in sogenannten Problemvierteln auf konkreten Antrag eines sogenannten Kooperationsverbandes.[141]

Rechtlich fußt SyRI auf einer Durchführungsverordnung zum Arbeits- und Einkommensumsetzungsstrukturgesetz. Verarbeitet werden u. a.

---

[140] Kaiser (2017)
[141] Braun (2018)

Beschäftigungsdaten, Angaben zu Schulden, Wohnsitz, staatliche Unterstützungsleistungen, Steuerdaten sowie zum Krankenversicherungsstatus. Die Software verknüpft alle diese Daten und durchforstet sie nach Risikoindikatoren, welche ein erhöhtes Risiko auf Unregelmäßigkeiten erkennen. Das System ist so konzipiert, dass alle personenbezogenen Daten verschlüsselt abgespeichert und auch verschlüsselt analysiert werden. Erst, wenn die Software einen möglichen Missbrauch entdeckt, werden die personenbezogenen Daten der betreffenden Person entschlüsselt. Wie genau die Software operiert, gibt der Staat nicht preis. Kritik an der Software wird u. a. auch darüber geäußert, dass keine Information erfolgt, wenn eine Einstufung als Risikobürger erfolgt ist.

Zumindest was die Datensicherheit betrifft, scheint der niederländische Vorstoß in die Welt der digitalisierten Sozialmissbrauchsbekämpfung besser zu funktionieren, als in Indien oder in China.

d) Deutschland und Österreich – Arbeitsmarktchancen

In Deutschland wurde in Zusammenhang mit den sogenannten „Hartz"-Sozialreformen auch die Zuteilung von Ressourcen an Arbeitsuchende computerunterstützt umgesetzt. Am Beginn der Betreuung durch die Arbeitsagentur werden schematisch Daten erfasst und deren digitale Verarbeitung führt zu einer Zuordnung zu bestimmten Handlungsprogrammen für die Arbeitsuchenden. Die Logik des Algorithmus orientiert sich dabei an der Sozialinvestitions-Logik an den Chancen, die sich errechnen lassen, dass die Person mit möglichst geringem Aufwand wieder in den Arbeitsmarkt aufgenommen wird. Besteht die Chance nicht oder kaum, erfolgt wenig oder keine Unterstützung mehr.[142]

In Österreich setzt das Arbeitsmarktservice seit 2019 unter dem Namen „Arbeitsmarkt-Chancen-Modell"[143] einen Algorithmus ein, der direkt aus den Sozialversicherungsdaten und unter Berücksichtigung einer – überschaubaren – Anzahl von Parametern eine automatische Zuordnung zu einer von 3 Gruppen getroffen wird. Dabei finden nicht nur Alter, Ausbildung und die bisherigen Beschäftigungsverhältnisse Berücksichtigung, sondern auch das regionale Arbeitsmarktgeschehen (nach Idealtypen). Einer der zentralen Kritikpunkte

---

[142] Knecht et al. (2018) S. 45 ff.
[143] Holl et al. (2018)

ist die grundsätzlich schlechtere Einstufung von Frauen (-0,14 Punkte) und von Kinderbetreuungspflichten (nur bei Frauen!).

Beim österreichischen Arbeitsmarktservice besteht grundsätzlich die Möglichkeit, dass der Berater die Einstufung des Algorithmus nachträglich verändert. Ob dies häufig geschehen wird, ist fraglich, da es mit mehr Arbeit und mehr Verantwortung im Fall des Scheiterns einer Maßnahme verbunden wäre. Entscheidend für die Einschätzung, wie nützlich oder schädlich diese digitalen Instrumente sind, ist die weitere Vorgangsweise, die dann gewählt wird. Der Ausschluss von intensiveren Unterstützungen oder gar die Kürzung von Zuwendungen kann genauso daraus abgeleitet werden, wie die in Österreich versprochene gezielte Förderung von Personen mit schwierigeren Ausgangsbedingungen am Arbeitsmarkt. Knecht, Moser und Pühringer sehen in ihrer Analyse[144] deutliche Hinweise auf eine – für die Arbeitsuchenden nachteiligen – Neuausrichtung der AMS-Strategie.

3.6 Kooperation statt Konkurrenz und Kontrolle

Digitalisierung dient nicht zwangsläufig den Kontrollinteressen von Staaten oder Unternehmen, sondern es gibt auch alternative Entwicklungen, die Kooperation in den Vordergrund stellen und die neuen technischen Möglichkeiten für ein besseres Zusammenleben und für die Förderung der gemeinsamen Kreativität sehr umfangreich zum Einsatz bringen wollen. Ausgangspunkt sind jene zivilgesellschaftlichen Bewegungen, die die gesellschaftlichen Bedingungen verbessern wollen und staatliche Instanzen kritisch hinterfragen. Sie nutzen systematisch und teilweise mit höchstem technischem Knowhow die Möglichkeiten digitaler Prozesse, um ihre Ziele zu verfolgen, Menschen miteinander zu verbinden und Daten öffentlich zugänglich und nutzbar zu machen. Dabei entstehen auch sehr kooperativ ausgestaltete Arbeitsabläufe und Entscheidungsprozesse.

Einige Aspekte davon zeigen sich in den Arbeitsansätzen des Design Thinking (siehe Abschnitt 2.6.5) und im Agilen Manifest (siehe Abschnitt 4.5).

Unter dem Begriff „Digitale Soziale Innovation" – kurz DSI – finden sich besonders viele Ansätze und Anwendungsbeispiele für dieses Feld der digitalen (R)Evolution. Unter diesem Begriff erstellt das Unternehmen NESTA Analysen und Berichte – u. a. im Auftrag der

---

[144] Knecht et al. (2018) S. 51

Europäischen Kommission. 2012 wurde ein umfangreicher Report vorgelegt, der 160 Projekte europaweit analysiert und zu sechs Bereichen (Domains) der Digitalen Sozialen Innovation zusammenstellt:

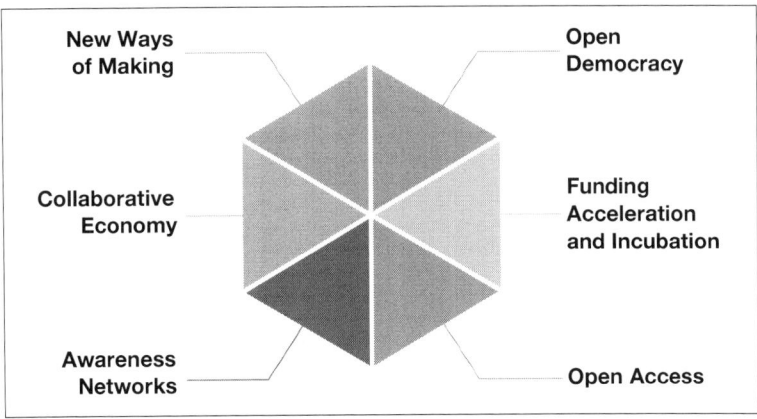

Abbildung 10: Domains of Digital Social Innovation[145]

Diese sechs Bereiche sind:

- Open Democracy: für transparente politische Prozesse und umfassende Beteiligungsformen
- Sensibilisierungsnetzwerke: mit Hilfe von Apps u.a. Informationen über kommunale Entwicklungen und Umweltparameter breit sammeln und diese Informationen auch frei zur Verfügung stellen – um Verhaltensänderung zu bewirken
- Open Access: Zugang zu Lizensierungen, Erhöhung der Beteiligung an der Schaffung von Standards
- Das neue „Machen": mit Open Source Software, CAD und 3-D-Drucker rasch zu Prototypen und ins Umsetzen kommen
- Kollaborative Ökonomie: mithilfe digitaler Vernetzung einen niederschwelligen Zugang zu Tauschgütern, Wissen und Kompetenzen ermöglichen, um kollaborative Wirtschaftsmodelle umzusetzen
- Anschubfinanzierungen und Inkubatoren: mit crowdfunding-Plattformen und nicht-monetären Unterstützungsformen innovative Projekte ermöglichen

---

[145] European Commission (2015), S. 24

Beispiele für DSI-Anwendungen, die uns aufgefallen sind, weil sie digitale Mittel für Lösungen einsetzen, die wesentliche Verbesserungen des Zusammenlebens ermöglichen:

- KUDOZ: www.kudoz.ca

  Über eine Lernplattform treffen sich Menschen mit und ohne Behinderungen und wählen dabei aus über 100 Erlebnissen aus. Kudoz bemüht sich erfolgreich um eine hervorragende user-experience.

- Sozialhelden e. V.: https://sozialhelden.de

  Der Verein bietet für Menschen mit Behinderungen ganz praktische Tools: z. B. automatisierte Information, wenn ein Aufzug, den man normalerweise benutzt, defekt ist, oder online-Karten für Barrierefreiheit (die usergestützt gepflegt werden).

- GUIFI: www.guifi.net

  Mit Hilfe von WLAN-Netzwerken werden in abgelegenen Regionen Häuser, Büros und öffentliche Gebäude mit Internet-Breitbandzugang versorgt. Für guifi sind 35.000 Internetknotenpunkte aktiv, ausgehend von Katalonien in ganz Spanien und darüber hinaus.

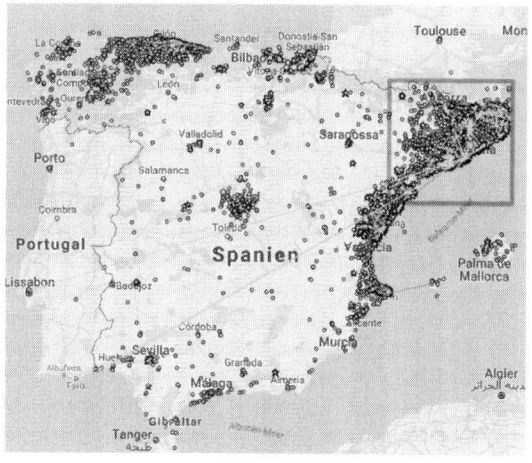

Abbildung 11: guifi-Ausschnitt des aktuellen Netzwerks[146]

---

[146] https://guifi.net/en/node/2413/view/map vom 25.1.2019 (Ausschnitt)

- Chaos Computer Club: www.ccc.de

  wurde schon 1981 von Hackern gegründet, die sich für die Freiheit von Kommunikation und Information einsetzen und das nötige Wissen dazu teilen. Zu den Veranstaltungen kommen bis zu 16.000 Menschen.

Verschiedene Varianten von Plattformen für Nachbarschaftshilfe und Tauschbörsen sind entstanden. Aber auch im öffentlichen Bereich gibt es DSI-Anwendungen mit offenem Zugang.

Beispiele:

- Open Government Wien: https://digitales.wien.gv.at
- DORIS – Digitales Oberösterreichisches Raum-Informations-System www.doris.at
- Serlo: https://de.serlo.org Lernplattform für Schüler/innen mit freiem Zugang und ohne Werbeeinschaltungen

Noch mehr Beispiele gibt es hier, in der DSI-Datenbank mit derzeit 1.438 europäischen Projekten: https://digitalsocial.eu/viz/

Der Bereich der Sharing Economy hat ebenfalls die Chancen der Digitalisierung erkannt und wird auch laufend beforscht.[147]

---

[147] z. B. Behrendt (2019)

4. Entwicklungen in der Sozialwirtschaft und im Sozialmanagement

Im Gesamtkontext betrachten wir nun Digitalisierung und deren Auswirkungen auf verschiedensten Ebenen. Was macht nun den digitalen Wandel aus, was lässt sich aus Literatur und aus den Erfahrungen der täglichen Praxis beobachten? Wo entstehen durch Digitalisierung Chancen, wo Gefahren und Herausforderungen?

Neben den zu beobachtenden Entwicklungen sollen Beispiele konkrete Anwendungsfälle aufzeigen, woran wir den Einzug der Digitalisierung in der Sozialwirtschaft erkennen können.

Aus den Beobachtungen wissen wir, dass die Digitalisierung allgegenwärtig ist. Deren Auswirkungen sehen wir auf verschiedenen Ebenen, in der Arbeit, im Privatleben, in der Gesellschaft und nicht zuletzt, in der Sozialwirtschaft.

In den nachfolgenden Abschnitten zeigen wir nun, was einzelne Aspekte der Digitalisierung für uns in der Sozialwirtschaft bedeuten. Nicht zuletzt soll dieses Kapitel zeigen, wie die Sozialwirtschaft konkret mit Themenstellungen, Chancen und Herausforderungen umgehen kann.

Denn Digitalisierung erfordert die Bereitschaft und den Willen, sich mit neuen Technologien auseinanderzusetzen und Veränderungen offen gegenüberzutreten. Für erfolgreiche Digitalisierungsinitiativen erscheint es zentral, die verschiedenen Akteure in den Non-Profit-Organisationen für die Potenziale digitaler Technologien und für die daraus resultierenden gesellschaftlichen Veränderungen zu begeistern.[148]

Regional, national, international? Organisationen der Sozialwirtschaft haben räumlich unterschiedliche Dimensionen. Sie sind nicht nur regional oder national tätig. Egal ob in der Entwicklungshilfe oder im internationalen Austausch, die Digitalisierung beeinflusst alle Tätigkeiten unabhängig von der Region, in der die Organisation tätig ist.

Digitale Kommunikationsmittel ermöglichen eine Einbindung von lokalen Akteuren auf allen Kontinenten, ohne dass für diese Reisen finanziert werden müssen. Die Digitalisierung beschränkt sich aber

---

148   Dufft et al. (2017), S. 6

nicht auf die Kommunikation. Das nachstehende Beispiel zeigt, dass herkömmliche Mechanismen die Arbeit in der Entwicklungshilfe grundlegend ändern können.

Bei der Kontrolle der Verwendung von Entwicklungshilfegeldern der Weltbank für Elektrifizierungsprojekte werden traditionellerweise Umfragebögen auf Papier ausgegeben und ausgewertet sowie Ortsbegehungen durchgeführt. Diese Methoden waren durch logistische und ressourcentechnische Faktoren oft eingeschränkt. Die daraus gewonnenen Daten erweisen sich oft als ungenügend, um die weitere Elektrifizierung auch nach der Evaluierung zu messen. Außerdem kommt es nach der Implementierung des Projektes häufig zu Störungen bei Versorgungsdienstleistungen, die nicht gemeldet werden.

Mit dem Einsatz neuer Methoden wie der Auswertung von Big Data werden statt der bisherigen Evaluierung nun Nachtaufnahmen von Satelliten miteinander verglichen. Ortschaften mit einer höheren Anzahl an Straßenbeleuchtungen und elektrifizierten Gebäuden erscheinen konstant heller. Orte, in denen es zu Stromausfällen kommt, erscheinen konstant dunkler. Daten zu diesen Interpretationen sind über die Zeit vergleichbar. Diese werden mit den Projektverläufen der Weltbank abgeglichen, um sicherzustellen, dass die Projektziele erreicht werden.[149]

4.1 Digitalisierung und Soziale Unternehmen

Die erbrachten Leistungen der Sozialwirtschaft dienen dem Menschen. Viele Menschen in sozialen Berufen würden den Satz unterschreiben: „Digitalisierung betrifft mich nicht. Ich arbeite mit Menschen, nicht mit Computern."

Die Orientierung an den Kunden (am Menschen) ist tief verwurzelt im Selbstverständnis der Organisationen. Werte, die Ausdruck im Handeln von Organisationen finden, aber auch Leitbilder zeugen von dieser Orientierung.

Organisationen der Sozialwirtschaft sind vielfach professionelle Dienstleistungsorganisationen. Die Kernleistung wird durch hoch qualifizierte und weitgehend eigenverantwortliche „Professionals" erbracht. Die Qualität in der Leistung wird von Mitarbeitern und

---

[149] Desai/Monroe (2015), S. 23

Mitarbeiterinnen geprägt, indem sie das Ziel- und Wertesystem ihrer Organisation mittragen. Das technisch-instrumentelle Subsystem tritt in den Hintergrund.[150]

Bei der Darstellung der vier Sichten in Abschnitt 2.3 sowie bei näherer Betrachtung von digitalen Lösungen der letzten Jahre wird ersichtlich, dass Digitalisierung die ultimative Kundenorientierung abbildet. Die Kundin, der Kunde steht im Fokus, alles was geschieht, wird durchgeführt, um der Kundin, dem Kunden die bestmögliche Leistung, den bestmöglichen Zugang, den bestmöglichen Erfolg zu ermöglichen. Das klingt doch nach den Anliegen der Sozialwirtschaft.

Wenn Sie aktiv beginnen, Ihre Organisation mit der Brille der Digitalisierung zu verändern, Geschäftsfelder umzukrempeln, Leistungen zu verändern, Abläufe zu automatisieren, dann befinden Sie sich mitten in der digitalen Transformation.

4.2 Digitalisierung und Sozialmanagement

In der Literatur ist das Thema Digitalisierung in Sozialen Unternehmen zwar immer öfter, aber im Vergleich zu anderen aktuellen Themen selten zu finden. Bücher, die zu diesen Themen veröffentlicht wurden, beschäftigen sich vornehmlich mit IT-Themen oder den Auswirkungen von Industrie 4.0 auf den Arbeitsmarkt. Auch zur Disziplin der Onlineberatung sowie zum Umgang mit (sozialen) Medien sind Veröffentlichungen zu finden.

Entwicklungen in der Informationstechnologie und anderen Disziplinen verändern das Umfeld von NPOs. Der technologische Wandel verlangt nach Strategien.[151]

Warum beschäftigen sich Soziale Unternehmen nur zögerlich mit dem Thema Digitalisierung? Schneider et al. nach Stebler (2005) nennen in diesem Zusammenhang einen möglichen Grund: NPOs beschäftigen sich wenig mit systematischer Früherkennung und Monitoring von künftigen Entwicklungen. Man beschäftigt sich mit möglichen, künftigen Krisensituationen in Bereichen, in denen man bereits negative Erfahrungen gemacht hat, die die Organisation in

---

[150]   Piber (2008), S. 81 ff.
[151]   Schneider et al. (2017), S. 44

der Vergangenheit stark gefährdet und deshalb geprägt haben.[152] Digitalisierung ist ein Bereich, in dem man höchstens gerade erste Erfahrungen hat, z. B. durch die Einführung einer Anwendung. Die Digitalisierung selbst scheint daher nicht auf dem Radar der Organisationen auf.

Soziale Unternehmen wurden in den letzten Jahren durch die meistens staatlichen Geldgeber mit dramatischen Einsparungen konfrontiert. Martin Gössler spricht von Ressourcenkilos, die von Geldgebern im Sinne einer neuliberalen Ausrichtung als überflüssig beanstandet wurden. Strategisches Lernen wird so enorm erschwert, denn am Ende kollabieren magersüchtige Organisationen, wenn der Wind rauer wird. Soziale Unternehmen benötigen in Schüsselfunktionen und -prozessen Redundanzen, um die Fähigkeit zur strategischen Achtsamkeit aufrechtzuerhalten, um Resilienz aufbauen zu können.[153] Von diesen Redundanzen als Quelle für Innovation und Erneuerung spricht auch Armel Karboul in ihrem Buch „Coffin Corner".[154] Organisationen sind getrieben möglichst effizient und damit kostengünstig zu arbeiten. Doch Effizienz ist nicht das passende Mittel für eine widerstandsfähige Organisation.

Sehr anschaulich beschreibt diesen Zusammenhang der Begriff „Coffin Corner", ein Begriff der Luftfahrt. Flugzeuge fliegen sehr hoch, denn je höher sie fliegen, desto geringer ist die Luftdichte und der Reibungswiderstand und desto geringer auch der Kerosinverbrauch – wenn Mindest- und Maximalgeschwindigkeit (abhängig vom Flugzeugtyp) gleich sind, ist der Punkt der maximalen Flughöhe erreicht, was gleichzeitig der Punkt der höchsten Effizienz, dem betriebswirtschaftlichen Optimum entspricht. Hier ist das Fliegen zugleich hoch effizient und extrem gefährlich. Je geringer die Luftdichte ist, desto schneller muss ein Flugzeug fliegen um noch genügend Auftrieb zu bekommen. Wird es zu langsam oder fliegt es einen Tick zu hoch, reißt die Luftströmung an den Flügeln ab. Diesen Punkt nennen Piloten den „Coffin Corner", die Sargecke, denn diese Ecke verlässt man nicht mehr lebend. Soziale Unternehmen sollten sich daher gut überlegen, welche „Ressourcenkilos" sie zur Vermeidung des Coffin Corners behalten wollen.

---

[152] Schneider et al. (2017), S. 87 ff.
[153] Gössler (2017), S. 34
[154] Karboul (2015), S. 23 ff.

Die Entscheidung, wo ein Digitalisierungsprozess vorangetrieben wird, fällt aufgrund zweier Faktoren: entweder aufgrund technologischer Notwendigkeiten oder resultierend aus betriebswirtschaftlichen Strategien.[155] Digitalisierung kann also ein Mittel sein, um nicht in den Coffin Corner zu fliegen. Die Notwendigkeit, Abläufe und Tätigkeiten digital abzubilden, um z. B. zeitsparend oder personalressourcenschonend zu arbeiten, weil der gleiche Informationsstand an verschiedenen Orten abrufbar ist, kann ausschlaggebend für den Beginn eines Digitalisierungsprozesses sein. Schließlich dient dieser der Erhöhung der Resilienz der Organisation.

Grundsätzlich können Technologien als Mittel zur Umsetzung von Digitalisierung auf zwei Arten genutzt werden. Auf einer Metaebene betrachtet, haben Technologien entweder einen Werkzeugcharakter und unterstützen den Menschen bei der Herstellung und Bearbeitung neuer oder veränderter Produkte oder aber sie sind als Materialien oder Prozesse Bestandteil dieser Produkte.[156] Beide Arten können in Sozialen Unternehmen relevant sein. Zumeist sind Technologien als Unterstützung zu sehen. Der Laptop in der aufsuchenden Beratung, damit Daten in den Betreuungsakt sofort eingetragen werden können, oder das Mobiltelefon dienen der Unterstützung bei der Arbeit. Auch Homepages als Informationsquelle für Hilfesuchende sowie der Internetzugang generell haben Werkzeugcharakter.

Spannender wird die Betrachtung von Technologien als Bestandteil von Produkten/Dienstleistungen Sozialer Unternehmen. Ein kleines Programm (Chatbot), das auf Fragen von Hilfesuchenden auf einer Webseite reagiert und diese dabei unterstützt, die richtige Seite oder die richtige Telefonnummer zu finden geht bei weitem über den Werkzeugcharakter hinaus (vgl. hierzu auch Abschnitt 2.2).

Was passiert mit Sozialen Unternehmen, wenn Kundinnen und Kunden über ihr aktuelles und individuelles online-Profil Verhaltenstipps sowie digitale Beratungs- und Trainingsangebote und Services über eine Flatrate, die mit dem digitalen Online-Produkt kommt, beziehen? Bernd Halfar wirft hier zu Recht die Frage auf, dass Organisationen in der Sozialwirtschaft ihre Rolle und Wertschöpfungsarchitektur überdenken müssen.[157]

---

[155]   Hackel (2017), S. 28
[156]   Hackel (2017), S. 27
[157]   Halfar (2018), S. 192

4.3 Digitaler Reifegrad

Technologien, Tools und Programme als Werkzeug oder als Teil einer (Dienst-)Leistung einzuführen, bedarf Wissen, Kompetenz und auch Budget – alles in allem Ressourcen – in der IT. Die Informations- und Kommunikationstechnologie (kurz: IKT) ist nicht das Kernge- schäft von sozialen Unternehmen und wird daher erfahrungsgemäß nicht immer in der Rolle gesehen, wie sie im Speziellen als Grund- lage für die Digitalisierung notwendig ist.

Eine Studie untersuchte die Digitalisierung in Non-Profit-Organi- sationen und fand heraus, dass vor allem große, etablierte Organi- sationen in Deutschland in den vergangenen zwei Jahren in ihre IT investiert haben. Diese besitzen daher im Vergleich zu kleinen, jun- gen Organisationen eine recht gute IT-Ausstattung. Umgekehrt ver- hält es sich bei der Nutzung digitaler Tools: Kleine und junge Orga- nisationen sind klare Vorreiter des Sektors. Diese nutzen sehr viel intensiver Cloud, Social Media, Messenger und Mobile Apps.[158]

Eine andere Studie unter österreichischen Non-Profit-Organisatio- nen zeigt, dass nur jede achte NPO (ca. 12 Prozent) mehr als zehn Prozent des gesamten Budgets in die Digitalisierung der eigenen Organisation investieren kann. Zwei Drittel (64 Prozent) sehen auch den Kompetenzmangel als Problem.[159] Für die Konzeption, Aus- wahl, Implementierung und Umsetzung digitaler Lösungen braucht es nicht nur finanzielle Mittel, sondern auch personelle Ressourcen mit entsprechenden Kompetenzen.[160]

Der Frage der Quelle für Informationen, um einen Impuls für die Digitalisierung zu erhalten, haben wir uns beim Vier-Schichten- Modell (siehe Abschnitt 2.3) vorherigen Kapitel bereits gewidmet. Aus den Studien geht klar hervor, dass aber nur ein geringer Teil der Organisationen mit externen Dienstleistern zusammenarbeitet.[161] Dies bedeutet, dass nur wenige Non-Profit-Organisationen sich externe Dienstleister ins Haus holen und damit einen Großteil der mit der Digitalisierung verbundenen Aufgaben selbst übernehmen.

Die Ergebnisse der Studie unter deutschen Non-Profit-Organisatio- nen weisen jedoch nicht auf eine generelle Digitalisierungs-Skepsis

---

[158] Dufft et al. (2017), S. 28
[159] EY (2017), S. 9
[160] Dufft et al. (2017), S. 28
[161] Dufft et al. (2017), S. 28

oder Orientierungslosigkeit im Non-Profit-Sektor hin. Die Priorität, sodass dafür auch ausreichende finanzielle, personelle und zeitliche Ressourcen zur Verfügung gestellt würden, hat Digitalisierung bislang jedoch nicht. Auch Organisationen mit großen Jahresbudgets geben an, keine finanziellen Mittel zur Digitalisierung zu haben. Eine mögliche Erklärung könnte sein, dass Digitalisierung oft gleichgesetzt wird mit der Einführung und Nutzung digitaler Technologien – also als klassisches Technologie-Investment gesehen wird. Diese Betrachtung ist aber deutlich zu kurz gegriffen. Die Autoren der Studie meinen, dass Digitalisierung eine umfassende Anpassung in Strategie, Organisation, Prozessen, Kompetenzen, Arbeitsmethoden und Kultur erfordert.[162]

Ein erfahrener Vertreter der Branche in diesen Belangen ist Helmut Kreidenweis. Dieser stellte beim NPO-Kongress im Oktober 2017 in Wien ein Reifegradmodell zur Umsetzung einer Digitalisierungsstrategie vor.[163]

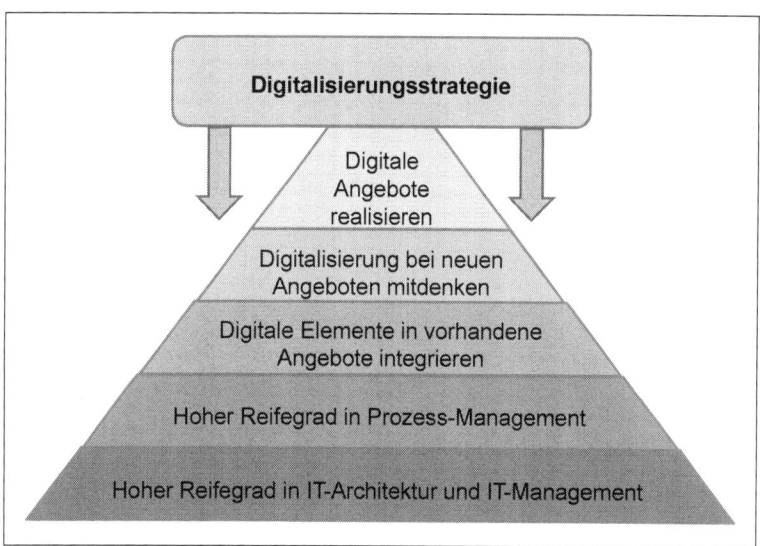

Abbildung 12: Reifegradmodell nach Kreidenweis[164]

---

[162]   Dufft et al. (2017), S. 5
[163]   Kreidenweis (2017), S. 17
[164]   Kreidenweis (2017), S. 17

Im Reifegradmodell wird ersichtlich, dass sich IT-Architektur und IT-Management auf einem hohen Niveau befinden müssen, damit die nächste Stufe des Reifegradmodells erreicht werden kann. Ist diese Stufe ausgereift, folgt die Entwicklung der Reife im Prozessmanagement. Erst danach kommen erste digitale Elemente ins Spiel, die bei breiter Anwendung schließlich ein Produkt- oder Dienstleistungsangebot ergänzen. Erst dann können digitale Angebote realisiert werden. Diesen Schritten steht eine Digitalisierungsstrategie gegenüber. Alle Ebenen des Reifegradmodells orientieren sich dabei an der Digitalisierungsstrategie.

Das Reifegradmodell veranschaulicht das Beispiel der Einführung von Onlineberatung in einer Organisation:

Beispiel:

Ein Soziales Unternehmen möchte als neues Angebot anonyme Onlineberatung anbieten. Zuerst muss an der Basis des Reifegradmodells die notwendige technische Infrastruktur vorhanden sein (PCs, Laptops, Kopfhörer, Webcam, ein Raum der sich akustisch und visuell eignet, usw.). Das (IT-)Management muss sich überlegt haben, welche Mitarbeiter aufgrund der Qualifikation für die Onlineberatung zur Verfügung stehen und dem Beratungsumfang sowie -häufigkeit der tatsächlich benötigten Lizenzmenge für die Software gegenüberstellen. Die Auswahl der Software bedingt auch Überlegungen, ob die Software zur Gänze gekauft und auf einem eigenen Server bzw. in der eigenen Cloud betrieben wird, oder ob die Software als Service bezogen wird und was das bzgl. Datenschutz und Datensicherheit bedeutet.

Die Prozesse der Onlineberatung sind zum Teil durch die eingesetzte Software vorgegeben, zum Teil müssen diese aber auch in der Organisation und in der Kommunikation mit dem Kunden definiert werden: Welche Mitarbeiterinnen sind für welche Anfragen zuständig, in welchem Zeitraum wird reagiert (sofort, asynchron binnen 24 Stunden, usw.), u.v.m.?

Da die Beratung anonym ist und diese – so unterstellen wir im Beispiel – pauschal vom Fördergeber abgegolten wird, müssen wir im Beispiel nicht mehr näher klären, wie bei nicht-anonymer Beratung die Dokumentation sowie die kostenträgerbezogene Abrechnung erfolgt.

> Analog zum Reifegradmodell stehen wir nun erst an der Stelle, wo wir uns tatsächlich mit einer digitalen Dienstleistung an Kunden wenden können.[165]

Von Prozessen wird auch bei den vier Sichten in Abschnitt 2.3 sowie bei der Definition von Digitalisierung in Abschnitt 2.1 gesprochen. Das Reifegradmodell nach Kreidenweis steht auch in Beziehung zum Schichtenmodell digitaler Anwendungen (siehe Abschnitt 2.7).

4.4 Prozessmanagement

In Verbindung mit dem Reifegradmodell liegt der Schluss nahe, dass Prozessmanagement eine wesentliche Rolle bei der Umsetzung digitaler Lösungen spielt. Zu vermuten ist, dass das Thema Prozessmanagement bei wenigen Sozialen Unternehmen auf der Topliste der Prioritäten steht. Doch in Wahrheit arbeiten wir täglich nach vordefinierten und abgegrenzten Abläufen, deren Ausprägungen von den Fachkräften selbst definiert wurden. Diese auf Papier zu bringen und dann Prozesse zu nennen, scheint ungemein schwer.[166] Einige erfolgreiche Anwendungsbeispiele für Prozessmanagement finden sich in einer Ausgabe der Fachzeitschrift „Sozialwirtschaft".[167]

Darüber hinaus sei noch das Triple-M-Modell genannt, das vorrangig mit betroffenen Mitarbeiterinnen in stufenartiger Weise die Realität abbildet. Anschließend wird das erarbeitete Abbild der Realität von den betroffenen Mitarbeitern kritisch begutachtet, alltägliche Probleme (Risiken) und Gutes (Chancen) werden festgehalten. Diese dienen dann als Grundlage für Prozessanpassungen.[168]

Digitalisierung macht aus analog digital. Was früher eine Änderung der Signalübertragung bedeutete, verändert heute radikal und

---

[165] Dieses Beispiel lehnt sich an die Einführung der Onlineberatung bei B7 Arbeit und Leben an und ist sehr stark verkürzt und vereinfacht. Das tatsächliche Projekt bei B7 dauerte, inkl. Qualifizierung von Mitarbeitern, von der Strategieformulierung bis zur Einführung ca. 12 Monate.

[166] Die Autoren kennen diese Situation aus der eigenen Berufserfahrung, speziell im Zusammenhang mit dem Qualitätsmanagement.

[167] Sozialwirtschaft – Zeitschrift für Führungskräfte in sozialen Unternehmungen, 5/2016

[168] Mathera/Bauer (2016), S. 63 ff.

„disruptiv" die Arbeitsweisen und Zielsetzungen von Sozialen Unternehmen. Knappere Budgets und der Fokus auf Wirkungsorientierung verlangen nach mehr Effizienz. Effizienz, die Dinge richtig zu tun, bedeutet zwangsläufig stabile und transparente Vorgänge, im weiteren Sinne auch Prozessmanagement. Die Vorgänge einer Beratung lassen sich aber nicht auf die gleiche Weise beschreiben wie ein Produktionsablauf, bei dem auf Maßnahme A mit Input B das Ergebnis C entsteht.

Studienergebnisse verweisen auf die Bedeutung von Prozessmanagement. Demnach unterschätzen viele Befragte die Bedeutung struktureller und prozessualer Veränderungen für die eigene Organisation, die durch Digitalisierung angestoßen werden. Dazu zählen die Entwicklung neuer Organisationsformen im Non-Profit-Sektor, aber auch die Art und Weise, wie sich Spenderverhalten oder ehrenamtliches Engagement in den kommenden Jahren verändern werden.[169]

4.5 Agiles Arbeiten

In der Softwareentwicklung wurden Produktionsmodelle gesucht, die rascher zu den gewünschten Ergebnissen führen, als dies mit klassischen Produktentwicklungszyklen und Managementmethoden möglich war. Dazu erschien das Konzept der Agilität besonders gut geeignet, das auf die Systemtheorie und besonders auf Talcott Parsons zurückgeht. 2001 wurde von zahlreichen Softwareentwicklern das „Agile Manifest[170]" formuliert und es gibt Stimmen[171], die darin auch eine Aufforderung an die Sozialwirtschaft sehen.

---

[169] Dufft et al. (2017), S. 4
[170] Beck et al. (2001)
[171] Michl (2017)

Manifest für Agile Softwareentwicklung

Wir erschließen bessere Wege, Software zu entwickeln, indem wir es selbst tun und anderen dabei helfen. Durch diese Tätigkeit haben wir diese Werte zu schätzen gelernt:

Individuen und Interaktionen	mehr als	Prozesse und Werkzeuge
Funktionierende Software	mehr als	umfassende Dokumentation
Zusammenarbeit mit dem Kunden	mehr als	Vertragsverhandlung
Reagieren auf Veränderung	mehr als	das Befolgen eines Plans

Das heißt, obwohl wir die Werte auf der rechten Seite wichtig finden, schätzen wir die Werte auf der linken Seite höher ein.

Zu diesem Manifest gehören 12 Prinzipien:[172]

1. Unsere höchste Priorität ist es, den Kunden durch frühe und kontinuierliche Auslieferung wertvoller Software zufrieden zu stellen.

2. Heiße Anforderungsänderungen selbst spät in der Entwicklung willkommen. Agile Prozesse nutzen Veränderungen zum Wettbewerbsvorteil des Kunden.

3. Liefere funktionierende Software regelmäßig innerhalb weniger Wochen oder Monate und bevorzuge dabei die kürzere Zeitspanne.

4. Fachexperten und Entwickler müssen während des Projektes täglich zusammenarbeiten.

5. Errichte Projekte rund um motivierte Individuen. Gib ihnen das Umfeld und die Unterstützung, die sie benötigen und vertraue darauf, dass sie die Aufgabe erledigen.

6. Die effizienteste und effektivste Methode, Informationen an und innerhalb eines Entwicklungsteams zu übermitteln, ist im Gespräch von Angesicht zu Angesicht.

---

[172] Beck et al. (2001)

7. Funktionierende Software ist das wichtigste Fortschrittsmaß.

8. Agile Prozesse fördern nachhaltige Entwicklung. Die Auftraggeber, Entwickler und Benutzer sollten ein gleichmäßiges Tempo auf unbegrenzte Zeit halten können.

9. Ständiges Augenmerk auf technische Exzellenz und gutes Design fördert Agilität.

10. Einfachheit – die Kunst, die Menge nicht getaner Arbeit zu maximieren – ist essentiell.

11. Die besten Architekturen, Anforderungen und Entwürfe entstehen durch selbstorganisierte Teams.

12. In regelmäßigen Abständen reflektiert das Team, wie es effektiver werden kann, und passt sein Verhalten entsprechend an.

In diesem Manifest und den 12 Prinzipien wird erkennbar, dass ein spezifischer Zugang zur Arbeit gewählt wird, der von klassischen Strukturen und Abläufen abweicht.

Ganz allgemein hat der Begriff „Agilität" eine breite Resonanz über den Bereich der Softwareentwicklung hinaus gefunden, er wird auf Unternehmensstrukturen und Führungsstile übertragen. Laut Wikipedia waren es 2005 14 Prozent der Unternehmen, die agile Grundsätze umgesetzt haben, 2016 lag der Wert bei 95 Prozent.[173]

Aus dieser Dynamik der digitalen Arbeitswelt sind neue Methoden entstanden, die sich ebenfalls quer durch zahlreiche Branchen durchsetzen konnten. Die berühmteste wurde „Scrum"; sie wird manchmal als Synonym für agiles Arbeiten verwendet. Doch können noch viele weitere Methoden und Techniken dazu gezählt werden, wie beispielsweise

- Kanban
- Design Thinking oder
- Lean Startup[174].

---

[173] Wikipedia (o.D.)
[174] Weinreich (2016)

Zentrale Merkmale von Agilität, die immer wieder hervorgehoben werden, sind:

Merkmale von Agilität
• absoluter Vorrang für ein funktionierendes Ergebnis im Interesse des Kunden • laufende Einbindung des Kunden auf Augenhöhe • dabei kann sich das Zielbild verändern und weiterentwickeln • iteratives, wiederholendes Vorgehen – angepasst an die Zwischenergebnisse • enge und häufige Zusammenarbeit von Expertinnen und Experten aus unterschiedlichen Disziplinen – und zwar im direkten Kontakt (wodurch auch Konkurrenz von Abteilungen hinterlaufen wird) • hohe Eigenverantwortung aller Beteiligten und Spielraum in der Ausgestaltung • Abbau von Hierarchie und ein Führungsverständnis, das sich stark dem Ermöglichen verschreibt

Diese Grundsätze, dieses „mindset", lassen sich über die Softwareentwicklung hinaus generalisieren. Traditionelle und erprobte Konzepte der Unternehmensführung und -strukturen wurden mit diesen neuen Methoden in Frage gestellt und finden breite Anwendung in der Organisationsberatung. Auch im Bereich der Öffentlichen Verwaltung wird der Ansatz des Agilen Managements wahrgenommen und umgesetzt[175]. Ein Teil dieser Diskussion führt unter dem Begriff „New Work"[176] zu Vorschlägen für alternative Arbeitsformen, die der Work Life Balance besser gerecht werden sollen.

Für Soziale Unternehmen werden die genannten Prinzipien übernommen und dabei der Begriff „Software" durch „Dienstleistung" ersetzt. Probieren Sie das einmal am oben zitierten Text aus! Thomas Michl probiert das in einem Blogbeitrag[177] und geht Punkt für Punkt auf die Auswirkungen in Sozialen Unternehmen ein.

---

[175] Hanschke (2017); Bartonitz et al (2018)

[176] Der Begriff geht zurück auf Frithjof Bergmann (2004), der damit eine gesellschaftspolitische Debatte verfolgte, die sich allerdings nicht immer in der aktuellen Verwendung des Begriffs wiederfindet.

[177] Michl (2017)

Natürlich wird die Arbeitswelt in den Sozialen Unternehmen von diesem Agilen Manifest und der breiten Akzeptanz in der Wirtschaft herausgefordert und verändert. Treibt sie die Mitarbeiter/innen vor sich her? Und wie müssen die Antworten lauten, um den Nutzen zu gewinnen, den das Konzept auch für die Arbeitnehmer/innen bietet? Danach fragen wir insbesondere in Abschnitt 6.2 Arbeitnehmerinnen und/oder Auftragnehmerinnen von morgen.

4.6 Das 3-D-Problem: Risikomanagement

Im digitalen Zeitalter müssen wir uns immer wieder mit der Frage nach der Sicherheit unserer Daten auseinandersetzen. Zum einen können wir bei Bedarf überall und jederzeit sämtliche Informationen über uns, unsere Arbeit, unsere Gewohnheiten ins Internet stellen und damit veröffentlichen. Durch digitale Vernetzung wird darüber hinaus unser soziales Umfeld transparent. Dieser Transparenz steht der Wunsch nach Privatsphäre gegenüber. Zum einen wollen wir selbst über die Verwendung unserer Daten bestimmen dürfen, gleichzeitig teilen wir diese mit der Öffentlichkeit.

Das Geschäftsmodell großer Internetfirmen basiert auf dem massenhaften Sammeln von Daten, wie in Abschnitt 2.6.7 erklärt. Diese Daten stellen wir diesen Firmen teilweise freiwillig zur Verfügung, teilweise werden diese Daten aber auch automatisiert erhoben und verarbeitet. Laut einer Erhebung der EU, stellten 2016 71 Prozent der Nutzer des Internets in der EU persönliche Daten online.[178]

Um den Bürgern der Europäischen Union die Hoheit über ihre Daten zurückzugeben, wurde von der EU 2015 die Datenschutzgrundverordnung (kurz: DSGVO) verabschiedet.[179] Diese soll einen einheitlichen Schutz der personenbezogenen Daten aller EU-Bürgerinnen innerhalb der Grenzen der EU gewährleisten. Der Schutz personenbezogener Daten ist ein Grundrecht. Jeder Mitgliedstaat passte so genannte Öffnungsklauseln in nationalen Gesetzen an, wie z. B. das Alter der Einwilligung Jugendlicher zum Datenschutz. Des Weiteren hat die EU die E-Privacy Richtlinie erlassen, welche den Umgang mit Online-Konten regelt.

---

[178] EU (2017), S. 10
[179] Datenschutzgrundverordnung in Europa zwingend anwendbar seit 25. Mai 2018

Teil der DSGVO und jeder seriösen Betrachtung von Digitalisierung ist zwangsläufig die Frage nach der Datensicherheit. Begriffe wie Phishing, CEO-Fraud, Krypto-Viren und andere Themen der Cybersicherheit lassen erahnen, dass der (technische) Schutz unserer Daten unmittelbar wichtig ist. Datensicherheit beschäftigt sich mit Vertraulichkeit, Integrität und Verfügbarkeit von Daten.[180] Wir wollen u. a. verhindern, dass nicht befugte Personen auf unsere Daten zugreifen.

Doch im Internet sind wir nicht (automatisch) anonym, Daten sind nicht automatisch so gesichert, dass niemand unbefugt Inhalte lesen kann. Auswüchse in bestimmten Aspekten dieser Transparenz haben wir in Abschnitt 3.5 dargestellt. Das Problem ist nicht nur das Thema der Transparenz (vielfach auch das Problem des gläsernen Menschen genannt), sondern das Bewusstsein dafür, dass das Internet und IT-System nicht von Haus aus sicher sind. Es bedarf immer weiterer Handlungen und Maßnahmen, um unsere Daten zu schützen und damit die Sicherheit zu gewährleisten.

In Sozialen Unternehmen ist dies auch eine Frage der Verantwortlichkeiten: Wer ist für Sicherheitsupdates von Firmensmartphones, Drucker und Telefonanlage zuständig? Auch gibt es in manchen Einrichtungen bereits Systeme des „Ambient Assisted Living", wo Sensorik und Steuerung mithilfe des Internets vernetzt sind: Heizung, Fernseher oder Beschattung werden automatisch oder aus der Ferne geregelt. Die IT-Landschaft und damit die möglichen Risiko- und Gefahrenquellen ist heterogen geworden.[181] Im Vergleich zu anderen Branchen stellt die Sicherheit von Systemen und Produkten in der Sozialwirtschaft noch kein wesentliches Merkmal bei der Kaufentscheidung dar.[182]

Die Beobachtung der Autoren geht dahin, dass kleinere Organisationen sich mit dem Thema IT-Sicherheit und im weitesten Sinne Risikomanagement schwerer tun als größere. Dies mag an der Verfügbarkeit von internen Ressourcen liegen – wahrscheinlich haben kleinere Organisationen keine eigene IT-Stabsstelle bzw. beschränkt sich das Risikomanagement auf die üblichen Wege des Controlling, von dem die IT nicht erfasst wird. Aber auch bei größeren

---

[180] CCRA (2012)
[181] Althammer (2018), S. 31
[182] Althammer (2018), S. 30

Organisationen nehmen die Autoren nur ein wenig stärker ausgeprägtes IT-Sicherheitsdenken war. Wenn doch der Fokus von Sozialen Unternehmen auf der Unterstützung von Kundinnen und Kunden liegt, damit die Daten von Kundinnen und Kunden zur Umsetzung der Unterstützungsleistung benötigt werden, diese in IT-Systemen gespeichert werden – sollte es dann nicht ein viel tiefergreifendes Bewusstsein für IT-Sicherheit und Risikomanagement geben?

Entgegen der meisten Behauptungen, die DSGVO hätte nur Arbeit und keinen Mehrwert gebracht, so glauben doch die Autoren, dass die in Artikel 32 geforderten Maßnahmen zur Datensicherheit und die damit einhergehende Notwendigkeit einer Risikoanalyse dazu beigetragen haben, das Thema IT-Sicherheit in den Fokus zu rücken.

4.7 Wissensmanagement

Wenn Algorithmen, Künstliche Intelligenzen und Roboter uns Tätigkeiten abnehmen, wird das Thema Wissen noch relevanter. Die Entwicklung der Altersstruktur der Bevölkerung ist nicht abzustreiten: Wir verlieren viele Wissensträger an das Ende der Berufslaufbahn. Organisationen sehen sich in Zukunft mit einer großen Herausforderung konfrontiert: Wie kann Wissen in der Organisation gehalten werden, wenn Mitarbeiterinnen – durch Pensionierung oder Fluktuation – aus der Organisation ausscheiden? Da unsere Mitarbeiter und Mitarbeiterinnen als Experten auf ihrem Gebiet gesehen werden können, lässt sich das spezifische Wissen, das im konkreten Setting notwendig ist, nicht einfach niederschreiben.

Wissen ist notwendig, um als Organisation handlungsfähig zu sein. Digitalisierung kann ein Hilfsmittel sein, dem demografischen Wandel zu begegnen. So können Pflegeroboter Pflegekräfte bei belastender Arbeit unterstützen und Anwendungen mit Künstlicher Intelligenz können Arbeit abnehmen, die viel Zeit kostet (z. B. Verwaltungszeiten reduzieren). Ein anderes Beispiel ist ein Chatbot, der die Abklärung der richtigen Ansprechpersonen vornimmt, anstatt eine Hotline besetzen zu müssen. Durch den Einsatz digitaler Mittel zur Unterstützung (nicht zum Ersatz!) wird auch ein Teil des notwendigen Wissens der Organisation in kopfunabhängige Instanzen gegossen.

Wir wissen, dass Information erst durch Anwendung zu Wissen wird. Eine Ausbildung ohne Praxisbezug ist daher für die Handlungsfähigkeit von Organisationen nicht so sehr von Bedeutung wie die Vermittlung von Wissen am konkreten Arbeitsplatz.

Jenes Wissen, das im Zuge von Wissensmanagementprozessen betrachtet werden soll, ist also nicht jenes Fachwissen der Professionen, das sie in Ausbildungen an Instituten und Hochschulen erfahren.

Vielmehr ist es

- das Erfahrungswissen und die Hilfe zur Selbsthilfe,

- der situationsbedingte Umgang mit den Kunden,

- das Wissen über Abläufe und Herangehensweisen der arbeitgebenden Organisation und

- die Fähigkeit, beurteilen zu können, welche Themenfelder fachlich künftig relevant werden.

E-Learning, Bildung mit Hilfe von digitalen Mitteln, ist eine seit über 25 Jahren verwendete Methode, deren Einsatz nun durch die allgegenwärtige Verfügbarkeit von Internet und mobilen Endgeräten rasante Verbreitung in vielschichtigen Zielgruppen findet. E-Learning bleibt nicht mehr nur Hochschulen und größeren Unternehmen vorbehalten, das Internet bietet eine Vielzahl an Lernmöglichkeiten und Wege zum Wissenstransfer.

5. Entwicklungen in der Sozialen Arbeit

5.1 Die Soziale Arbeit reagiert mit Verzögerung

Wie reagieren die Profession und die Disziplin der Sozialen Arbeit[183] auf die Digitalisierung der Welt? Digitalisierung ist eine technische Veränderung, die weit in unsere Privatsphäre eingreift und aktuell schon dabei ist, die Arbeitswelt maßgeblich zu verändern.

Stimmen in der Sozialen Arbeit waren lange Zeit überzeugt, dass das, was unter „Digitalisierung" und „Industrie 4.0" gelabelt wird, eine gesellschaftliche Herausforderung oder auch eine Gefahr sei. Die Auswirkungen auf die Praxis wurden zu Anfang vor allem auf zwei Seiten vermutet: die Dokumentation werde sich verändern und die Nutzer seien vor den Gefahren zu warnen oder zu beschützen. Die eigene Methode sei vom unmittelbaren Umgang mit den Menschen gekennzeichnet und dieser „analoge" Zugang sei unverzichtbar.

Erfreulicherweise haben sich inzwischen zahlreiche Autoren und Autorinnen des Themas angenommen. Dabei wurden anfangs vor allem die Auswirkungen der Digitalisierung auf die Sozialwirtschaft diskutiert. Auch ethische Aspekte fanden einige Aufmerksamkeit. Dabei fokussierten die Beiträge auf die Entwicklung der Organisationen und ihrer Dienstleistungen. Innerhalb der Organisationen standen Fragen der Dokumentation, der Organisation und der Führung im Vordergrund. Auf fachlicher Ebene lesen und hören wir jetzt schon längere Zeit von Robotern, die die Pflege unterstützen. Möglichkeiten der Onlineberatung und des Einsatzes von „Sozialen Medien" ist den Praktikerinnen bewusst, wenn auch die Anwendung nicht immer gezielt erfolgt. Im Bereich der offenen Jugendarbeit und der Kinder- und Jugendhilfe sind sowohl Anwendung wie auch kritische Auseinandersetzung am weitesten fortgeschritten.

In den Fachhochschulstudiengängen steigt ebenfalls die gezielte Einbindung in die Lehre und in die Forschungsaktivitäten.

---

[183] Wir benutzen hier den Begriff Soziale Arbeit als Überbegriff für die akademischen Berufe Sozialarbeit und Sozialpädagogik und deren wissenschaftliche Disziplinen.

5.2 Die digitalen Welten unserer Klienten und Kunden

Bevor wir uns den Auswirkungen in der praktischen Sozialen Arbeit zuwenden, schauen wir auf jene Menschen, denen die Berater, Betreuer, Unterstützer oder Pädagogen begegnen. Welche Erfahrungen bringen sie mit in die Büros und in die Betreuungseinrichtungen?

Die Kundinnen der Sozialen Arbeit verfügen zum Teil über geringe Erfahrungen im Umgang mit digitalen Instrumenten und verfügen selten über einen Internetzugang. Andere wieder sind an digitalen Informationsaustausch gewöhnt, manche sind den Beratern in der Anwendungskompetenz sogar überlegen. Im Alltag bestehen immer mehr Möglichkeiten, sich auf digitalem Weg Informationen zu beschaffen und mit Behörden zu kommunizieren oder sogar Amtswege zu erledigen.

Als Beispiel nennen wir die Amtswege rund um die Arbeitslosigkeit. In Österreich besteht seit 2007 eine umfassende Möglichkeit, seine Angelegenheiten mit dem Arbeitsmarktservice per „e-AMS-Konto" zu erledigen.[184] Und die Kundinnen sind zunehmend gewohnt, per SMS an Termine erinnert zu werden, sodass manche gar keinen eigenen Kalender (weder analog noch digital) führen, in den sie die Termine selbständig eintragen.

In Deutschland werden seit 2013 die „eServices" ausgebaut.[185] In der Schweiz gibt es noch kein vergleichbares Angebot.[186] Die Kommunikation erfolgt ausschließlich per Telefon, Post oder E-Mail. Unterlagen können zum Einscannen an eine zentrale Postadresse pro Kanton geschickt werden.

Die Lebenswelt unserer Klient/innen kann in sehr unterschiedlicher Weise von der Digitalisierung betroffen sein. Zum einen hängt es von ihrem Alter und ihrer einschlägigen Qualifikation ab, wie nahe oder fern sie digitalen Anwendungen stehen. Und es können erhebliche Diskrepanzen zwischen Alltagsverhalten (z. B. Handynutzung) und beruflicher Kompetenz liegen (z. B. Anwendung von Schreib-

---

[184] https://www.ams.at/arbeitsuchende/arbeitslos-was-tun/eams-konto--ein-konto--viele-vorteile; siehe auch die Evaluierungsstudie dazu: AMS Österreich (2012)

[185] https://www.arbeitsagentur.de/eservices

[186] https://www.ch.ch/de/arbeitslosigkeit/Detailinformationen gibt es nur auf Kantonsebene

und Kalkulationsprogrammen). Wer mit dem Tablet seinen Urlaub bucht, muss nicht unbedingt die E-Mail-Verwaltung seines beruflichen Accounts beherrschen.

Im beruflichen Kontext jedenfalls gibt es nur mehr ganz wenige Tätigkeitsbereiche, die ohne – zumindest einfache – EDV-Kenntnisse auskommen. Bereits der Bewerbungsvorgang bedingt oft schon den regelmäßigen Zugang zu einer E-Mail-Adresse und die Fähigkeit Texte zu erstellen und möglichst als PDF abzuspeichern. Und wer keinen Drucker/Scanner zu Hause hat, muss einfallsreich sein und zusätzliche Wege und Kosten auf sich nehmen. Auch der sichere Umgang mit dem Mobiltelefon empfiehlt sich, um mit potenziellen Arbeitgebern in Kontakt zu sein.

Kinder und Jugendliche haben Erfahrung und Geschick in der technischen Benutzung von digitalen Geräten insbesondere von Smartphones. Doch sind ihnen Sicherheitsrisiken und Gefahren beim mangelnden Schutz der Privatsphäre nicht ausreichend bewusst. Boshaftigkeit unter Schulkollegen kann mit den Sozialen Medien ein dramatisches Ausmaß annehmen. Bashing (öffentliche Beschimpfung) und Sexting (Veröffentlichung intimer/sexueller Inhalte) lassen Konflikte rasch ausufern und hinterlassen tiefe Spuren bei den Betroffenen.

Ältere Menschen sind – im Schnitt – ungeschickter im Umgang mit digitalen Geräten. Viele meiden die Sozialen Medien aus Angst und Unsicherheit oder einfach aus Desinteresse. Für sie ist online-Banking keine Verbesserung, sie erleben die damit verbundene Einschränkung der Öffnungszeiten ihrer Bank als Nachteil. Und die stark angewachsenen Möglichkeiten als digitaler Bürger und Steuerzahler können ihnen das Gefühl des Abgehängt-Seins vermitteln.

Für alle Klientinnen ergibt sich eine unendliche Fülle von Informationen und Unterhaltungsmöglichkeiten, die die digitalen Medien bereithalten. Für die Betreuung kann es relevant sein, die diesbezüglichen Gewohnheiten der Klienten kennenzulernen und gezielt anzusprechen. Sei es, dass ihre Vorstellungen über bestimmte Zusammenhänge, die sie betreffen, unrealistisch sind oder dass ihr Medienkonsum zu Konflikten führt. Die Möglichkeit, soziale Kontakte zu pflegen kann eine wichtige Ressource bilden. Die digitalen Welten können aber auch die soziale Abkapselung fördern und die Einsamkeit erhöhen.

Extensives Video-Streaming oder das Versinken in MMOGs[187] kann das Sozialverhalten so stark verändern, dass der Anschluss an das Arbeitsleben gefährdet ist. Wenn durch fehlendes Einkommen die wirtschaftliche Existenz gefährdet wird, stellt das (mögliche) Suchtproblem eine zentrale Problematik der sozialarbeiterischen Betreuung dar.

Eine ganz andere Erfahrung machen erkrankte oder körperlich beeinträchtigte Menschen, wenn sie mit „intelligenten" Geräten konfrontiert sind, die diagnostisch, therapeutisch oder pflegerisch eingesetzt werden. Die Möglichkeiten reichen von der Computertomographie über den Operationsroboter bis zum Assisted Living, bei dem die eigene Wohnumgebung digital aufgerüstet wird. Das Alltags- und Berufsleben von Menschen mit Behinderungen konnte durch digitale Geräte erheblich verbessert werden. Schon seit den 1970er Jahren gibt es Sprachausgabecomputer (Talker) und auch die Augensteuerung gibt es seit über 30 Jahren. Exoskelette mit digitaler Steuerung können Körperfunktionen wie Gehen oder Heben unterstützen bzw. ersetzen.

Die Klientinnen kommen also nicht ohne Erfahrung zu den Sozialarbeiterinnen und Sozialpädagoginnen. Beraterinnen, Betreuerinnen, Sozialpädagogen und Sozialarbeiterinnen leben nicht unbedingt in derselben digitalen Wirklichkeit wie ihre Klientinnen und Klienten – privat wie beruflich. Ein häufig anzutreffendes Beispiel dafür ist die Medienkompetenz. Es ist daher erforderlich, dass sich die Fachkräfte am Laufenden halten, um die Situation der Klientinnen und Klienten angemessen verstehen zu können. Und um gezielte Interventionen setzen zu können benötigen sie ein erhöhtes Maß an digitaler Kompetenz. Dazu zählt theoretisches Wissen, Anwendungswissen und pädagogisches Vermittlungswissen.

5.3 Herausforderungen für die Praktikerinnen

Auf mehreren Ebenen entstehen für die Fachkräfte neue Herausforderungen in der Praxis: im Umgang mit den Klientinnen, in den eigenen Jobprofilen, bei der Weiterbildung und im unmittelbaren Umgang mit Informationen, die jetzt „Daten" sind.

---

[187] MMOG oder MMO – Massive Multiplayer Online Game, bei dem gleichzeitig mehrere tausend Teilnehmer aktiv sein können

Die Klienten bringen ihre eigene digitale Welt mit und sie verfügen über Kompetenzen, die ihren Betreuern nicht unbedingt bekannt sein müssen (siehe auch vorheriger Abschnitt). Vielen Verantwortlichen ist diese Tatsache noch gar in ihrer vollen Tragweite bewusst.

Bei Bewerbungsgesprächen werden digitale Kompetenzen selten im Detail abgefragt. Da und dort wird zwar in der Weiterbildung darauf Wert gelegt, auch digitale Kompetenzen zu erwerben, um etwa mit den Klientinnen mithalten zu können, die Smartphones und Messengerdienste nutzen. In Österreich werden Kursmaßnahmen des AMS mit der Auflage ausgeschrieben, dass die Trainerinnen über bestimmte Mindestanforderungen in digitalem Handling verfügen. Da und dort gibt es auch Onlineberatung oder ein digitalisiertes Anmeldewesen.

Die Ausbildungen der heutigen Berufstätigen sowie die dahinterliegenden Theorien und ihre Erklärungs- und Handlungsmodelle konnten auf den digitalen Wandel nicht vorbereitet sein. Daher werden alle Veränderungen, die sich ergeben, von den Mitarbeiterinnen vor Ort mit dem Wissen gelöst, das sie mitbringen oder für das es im speziellen Fall eine Schulung im Unternehmen gegeben hat. Zu einzelnen Schwerpunkten werden externe Weiterbildungen besucht. Die Personalentwicklung in den Unternehmen reagiert bei Bedarf – so er erkannt wird. Ein Gesamtbild des digitalen Wandels in der Sozialen Arbeit kann derzeit nicht abgebildet werden, einschlägige Studien liegen noch nicht vor.

Einige Anwendungen sind bereits weit verbreitet, andere finden erst in bestimmten Handlungsfeldern breite Nutzung und manche, wie der Einsatz von Künstlicher Intelligenz, wurden gerade gestartet. Die Digitalisierung ist fixer Bestandteil der Sozialen Arbeit geworden, aber die großen Veränderungen stehen wohl erst bevor, wenn das Potenzial dieser (R)Evolution demnächst voll zum Tragen kommt.

5.4 Veränderungen im Alltag der Sozialen Arbeit

Welche Veränderungen können in der Praxis der Sozialen Arbeit festgestellt werden, wenn wir den heutigen Alltag den Arbeitsweisen und Abläufen gegenüberstellen, die zur Jahrtausendwende üblich waren?

Administration

Im Bürobereich kommen schon lange Textbearbeitungsprogramme (z. B. MS Word, OpenOffice) zur Anwendung. Präsentationsprogramme (z. B. MS PowerPoint, Keynote) und Kalkulationsprogramme (z. B. MS Excel) werden zumindest in einfacher Form genutzt.

Zeiterfassungssysteme gehören zum Alltag in vielen Einrichtungen, insbesondere in Ämtern und Behörden und im stationären Gesundheitsbereich.

Informationen finden und bereitstellen

Fachliche und rechtliche Informationen stehen online bereit und sind nicht mehr privilegiertes Wissen der Fachkräfte. Klienten und Berater sind aber nicht immer kompetent genug, diese Informationen aufzufinden und zweckmäßig zu nutzen.

Webpages/Homepages gehören zur Grundausstattung in jeder sozialen Einrichtung, häufig ist damit auch ein interner Bereich für Mitarbeiterinnen und/oder Kunden verbunden. Im internen Bereich können spezifische Informationen oder auch Dokumentationsmöglichkeiten, Bestellmöglichkeiten und Kommunikationskanäle zur Verfügung stehen.

Kommunikation

Die Kommunikation erfolgt – abgesehen vom Telefon – überwiegend per E-Mail. Mit Klienten werden Messengerdienste eingesetzt. SMS verlor rasch an Bedeutung, als WhatsApp und Co. breite Anwendung fanden, doch aufgrund der zunehmenden Sensibilität in Fragen des Datenschutzes wird SMS wieder attraktiver.

Der Umgang mit den Klientinnen und Klienten kann oft schneller und niederschwelliger hergestellt werden, wenn digitale Geräte und Programme genutzt werden. Beide Seiten können u. U. mehr (private) Informationen übereinander im Internet erfahren.

Betreuung und Beratung

28 Prozent der Fachkräfte verbringen – laut einer aktuellen Studie[188] – mehr als 40 Prozent ihrer Betreuungszeit mithilfe von digitalen Mitteln. Das umfasst u.a. elektronische Erhebungsformulare wie auch Internetrecherche, Lernsequenzen, online-Bewerbungsaktivitäten oder online-Beratungstätigkeiten.

---

[188] Kletzl/Wächter (2019)

In der Beratung sind laut dieser Studie die wichtigsten digitalen Themen: die sichere Nutzung des Internets, der Umgang mit Fake News und die Belästigung durch ständige Erreichbarkeit. Bemerkenswert sind auch die Angaben zur Problematik von Internetsucht (21 Prozent) und Computerspielsucht (27 Prozent), die oft oder immer als Problem genannt werden.

Soziale Medien

Sozialarbeiter und Sozialpädagogen sind unterschiedlich gründlich mit den Sozialen Medien vertraut und die Einstellungen dazu gehen erfahrungsgemäß deutlich auseinander. Für die einen ist es ein selbstverständlicher Bereich des Lebens, auch des Arbeitslebens. Andere meiden konsequent diese Medien, da sie deren möglichen Nutzen nicht so hoch einschätzen, dass er die Nachteile überwiegen würde. Bei der Studie von Kletzl/Wächter[189] geben 42 Prozent der Fachkräfte an, Soziale Medien für die Kommunikation mit ihren Klienten und Klientinnen zu nutzen.

Zusammenarbeit im Team

Was ein Team als Team auszeichnet, wird in der Literatur umfassend diskutiert. Mit der Digitalisierung kommen neue Aspekte in der Zusammenarbeit unter Kolleginnen und Kollegen dazu. Der „digital gap" geht natürlich auch quer durch die Unternehmen, denn Lebensalter und Qualifikationswege führen zu unterschiedlichen Zugängen und Kompetenzen. Wer hohe digitale Kompetenz einbringen kann, gewinnt womöglich an Gewicht in den internen Diskussionen und Entscheidungsprozessen. Face-to-face Interaktionen – und die damit verbundenen Fahrtkosten – können zugunsten digitaler Kommunikationsmittel reduziert werden. Zusammenarbeit kann mit anderen Mitteln und in anderer zeitlicher Abfolge gestaltet werden. Leitungsaufgaben verändern sich stark durch die digitalen Möglichkeiten im Controlling und Hierarchien flachen sich tendenziell ab[190].

Dokumentation und Fallakten

Fallakten liegen teilweise oder vollständig in digitaler Form vor. Die Dokumentation der Beratung und Betreuung erfolgt in unterschiedlicher Tiefe in Einzeldokumenten oder Datenbanken. Diese Daten

---

[189] Kletzl/Wächter (2019)
[190] Fragen zum Qualifizierungsbedarf siehe auch Abschnitt 3.4.2

liegen manchmal nur auf dem einzelnen Computer, manchmal auf einem betriebsinternen Server am gleichen Standort oder in online verfügbaren Netzwerken.

Durch die elektronische Erfassung von Daten und den steigenden Dokumentationsaufwand, der nur zum Teil der Digitalisierung geschuldet ist[191], wird die Beratungszeit weniger und die Versuchung wächst, die Klientinnen zu verwalten anstatt mit ihnen auf Basis der Beziehungsarbeit zu interagieren.

Datenschutz wurde durch die DSGVO[192] zu einem allgegenwärtigen Thema. Die DSGVO umfasst einen breiten Anwendungsbereich und nützt dem Schutz der Klientinnen und Dienstnehmerinnen in den Sozialen Unternehmen. Gleichzeitig hat sie die Sozialarbeiterinnen und Sozialpädagoginnen auch verunsichert. Der Informationsaustausch unter den Organisationen und mit den Klientinnen erscheint erschwert zu sein.

Fallanalyse und Interventionsplanung

Digitale Assistenzsysteme stehen bereits in einigen Organisationen zur Verfügung und treffen Einschätzungen, die die Klienten und deren Betreuung betreffen. Das Arbeitsmarktservice Österreich setzt ein Tool zur Segmentierung ihrer Kunden ab 2019 ein[193]. Und der Einsatz von Algorithmen zur Einschätzung der Gefährdungsschwelle für die Fremdunterbringung von Kindern ist in Diskussion. Damit rückt bereits der „digitale Kollege[194]" ins Blickfeld, der die Verantwortlichen in der Sozialen Arbeit auch direkt vor Ort unterstützen kann oder ihnen womöglich sogar Entscheidungen abnimmt.

Arbeitsbedingungen

Die Arbeitsbedingungen sind in Veränderung. Nicht nur Home-Office, das von Managern vielleicht geschätzt wird, hält Einzug. Durch Tätigkeiten, die an mobilen Geräten auch zwischendurch und zu Hause erledigt werden können, wird die Bearbeitungsgeschwindigkeit erhöht und die Arbeitsverdichtung nimmt zu. Die Arbeitswege

---

[191]   Der Dokumentationsaufwand kann auch durch verstärktes Kontrollinteresse der Auftraggeber und Kostenträger ansteigen.

[192]   Datenschutzgrundverordnung des Europäischen Parlaments und des Europäischen Rates

[193]   Siehe Abschnitt 3.5.2 d) Deutschland und Österreich – Arbeitsmarktchancen

[194]   Siehe Abschnitt 3.4

bei Hausbesuchen lassen sich vollautomatisch dokumentieren – samt nicht genehmigten Umwegen und verlängerten „Betreuungsprozessen". Aber auch Arbeitserleichterungen in der Dokumentation und in der Arbeitsgestaltung sind durchaus mögliche Folgen.

Aktuelle Fallzahlen und tatsächliche Arbeitsabläufe können geplant und kontrolliert werden. Rechnungslegung, Controlling und Evaluierung sind unmittelbar an die Dokumentation der Leistungserbringung gekoppelt.

Die Untersuchung von Kletzl/Wächter[195] zeigt widersprüchliche Erfahrungen der Fachkräfte mit der Digitalisierung in ihrem Beruf. Zum einen wird Zeitersparnis von 36 Prozent als Erleichterung benannt, aber 30 Prozent erleben einen erhöhten Arbeitsaufwand. Als größten Nutzen sehen sie den verbesserten Informationsaustausch (39 Prozent), als größten Nachteil die ständige Erreichbarkeit (36 Prozent).

5.5 Kritische Überlegungen zur Fachlichkeit

Digitalisierung bewirkt für die Erbringung Soziale Arbeit erhebliche Veränderungen.

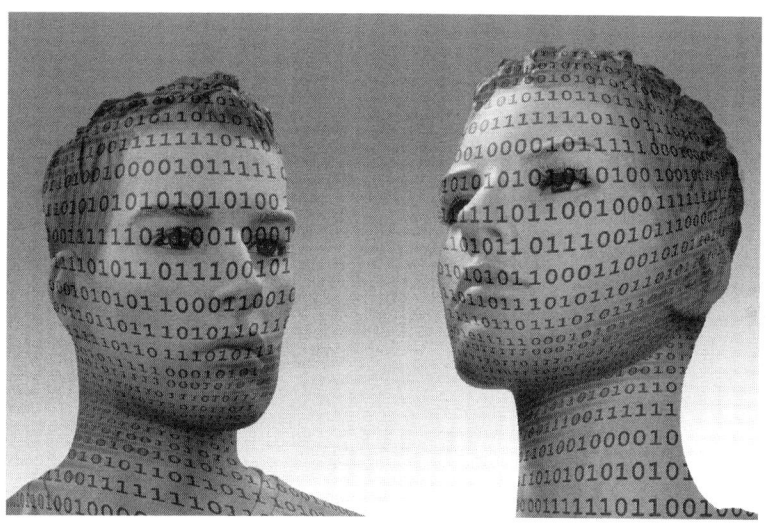

Abbildung 13: binary faces, geralt bei pixaby (Common Creative License)

---

[195] Kletzl/Wächter (2019)

Manche dieser Veränderungen sind einfach nur (Arbeits-)Erleichterungen – oder erscheinen zunächst als reine Erleichterungen. Andere führen offensichtlich zu einer Veränderung in der Vorgangsweise und stellen vorhandene Arbeitsweisen und Strukturen in der Organisation in Frage. Aus Sicht der Praktiker werden sie auch teilweise als Gefährdung erprobter Methodenkonzepte betrachtet:

• Steuert die Anwendung von digitalen Formularen und deren unmittelbare Verknüpfung mit Evaluations- und Controllinginstrumenten in unzulässiger Weise die Beziehungsarbeit und die psychosoziale Anamnese im realen Kontakt mit den Klientinnen?

• Wenn in fortgeschrittenen technischen Anwendungen Einschätzungen zu der Situation der Klienten direkt vom Computer erstellt werden, wie z. B. bei der Gefährdungseinschätzung für Kinder oder der Einschätzung von Arbeitsmarktchancen, schränkt das die professionelle Entscheidungsfreiheit unzulässig ein? Oder erhöht sie die Handlungs- und Entscheidungsmöglichkeiten der Sozialarbeiter und Sozialpädagogen sogar?[196]

• Eine ganz andere Herausforderung kommt für die Sozialpädagoginnen und Sozialarbeiterinnen von Seiten der Klientinnen. Die verstärkte Nutzung der Sozialen Medien und Messengerdienste für Kontaktpflege und Beratung geben den Klientinnen ein höheres Maß an Kontrolle über den Abbruch und die Wiederaufnahme des Kontakts.

• Die private Welt und die Beratungs-/Betreuungssituation können sich durch die Online-Aktivitäten beider Seiten sehr einfach verknüpfen. Doch ist das aus professioneller Sicht und aus datenschutzrechtlichen Gründen keineswegs wünschenswert und bedarf gesonderter Maßnahmen im Betreuungsgeschehen.

---

[196] Bastian/Schrödter (2015)

6. Folgerungen für Sozialmanagement und Soziale Arbeit

Frei nach der Begriffsdefinition zu Beginn des Buches (siehe Abschnitt 2.1) glauben die Autoren mit Carly Fiorina, dass alles, was digitalisiert werden kann, auch digitalisiert werden wird. Wenn wir als Soziale Unternehmen es nicht selbst tun, wird eine disruptive Technologie oder ein disruptiver Ansatz dies tun, was zur radikalen Veränderung oder gar zum Wegfall ganzer Segmente der Sozialwirtschaft führen könnte. Uber war kein Taxiunternehmen, AirBnB war kein Hotelbetrieb. Die Welt des Taxifahrens hat sich, zumindest vorübergehend, verändert, die Art Übernachtungen zu organisieren mindestens ebenso. Mit deren Auswirkungen, wie z. B. dem Wohnungsmarkt in Ballungszentren, beschäftigen wir uns nach wie vor.

Bei Veränderungen von und in Organisationen spricht Friedrich Glasl vom dritten Prinzip für Organisationsänderungen:

„Wir müssen weg von der Veränderung der Organisation und des Managements und müssen hin zum Organisieren und Managen des Veränderns!"[197]

6.1 Welches Führungsverhalten wird gefragt sein?

Martin Gössler schreibt in einem Artikel über seine Erfahrungen aus der Arbeit mit Non-Profit-Organisationen. Er beschreibt den Weg zur organisationalen Vitalität und dass die chronische Überforderung in vielen Sozialen Unternehmen mittlerweile ganz normal geworden sei. Kollektive Vitalität entstehe dann, wenn statt Ignoranz gegenüber zweifelhaften Veränderungsaufforderungen Genugtuung im eigentlichen Wortsinn eintritt: Nämlich das Wissen und die Haltung genug getan zu haben. Ignoranz sei demnach in der Sozialwirtschaft besonders gut zu beobachten, weil diese Organisationen eine überdurchschnittlich kritische Belegschaft haben.[198]

Wenngleich Ignoranz ein sehr starkes Wort ist, behaupten wir, dass Digitalisierung als konstante Veränderungsaufforderung eben diese Ignoranz hervorrufen kann. Wir erkennen diese Ignoranz an den regelmäßigen Äußerungen über die Relevanz der Digitalisierung von Fachkräften und Entscheidungsträgern. Die erste Antwort auf

---

[197] Glasl (2008), S. 38
[198] Gössler (2017), S. 33

Veränderung jeglicher Art darf nicht das Argument der menschen-zentrierten Arbeit sein. Digitalisierung als eine Veränderungsauf-forderung betrachtet, beeinflusst also zweifelsohne das Feld und die Aufgaben der Führung.

Führung ist ein Teil der Kultur eines Sozialen Unternehmens. In der Organisationstheorie wird unterschieden zwischen Dienstleistungs-organisation, professioneller Dienstleistungsorganisation und Pro-duktorganisation. Bei professionellen Dienstleistungsorganisationen ist das kulturelle Subsystem viel stärker ausgeprägt als bei reinen Dienstleistungsorganisationen.[199] Beschäftigte professioneller Dienst-leistungsorganisationen gehören zumeist Berufsgruppen an, die als Professionen bezeichnet werden. Führungskräfte sind zugleich Ermöglicher und Behinderer: Sieht eine Führungskraft die Möglich-keiten der Digitalisierung, werden sie genutzt. Sieht eine Führungs-kraft nur Hindernisse und Bedenken, werden die Möglichkeiten der Digitalisierung nicht genutzt.

Betrachten wir Führung im Kontext der Digitalisierung, so gilt der Fokus der Führung nicht nur der Digitalisierung selbst, sondern den neuen Organisations- und Arbeitsformen. Die Digitalisierung kann zu veränderten Rollen durch veränderte Prozesse und Strukturen führen z. B. Themen wie virtuelle Teams oder Crowdworking. Mit der Digitalisierung wachsen auch die digitalen Kompetenzen der Mitarbeiter und Mitarbeiterinnen. Werden diese nicht ausreichend beim Erwerb der digitalen Kompetenzen unterstützt, kann das dazu führen, dass die Arbeit mit Kundinnen nicht mehr erfolgen kann und im weitesten Sinne die Organisation ihren Kernauftrag nicht erfüllen kann. Führungskräfte sollen daher den Erwerb von digita-len Kompetenzen fördern (siehe Abschnitte 6.2 und 6.3).

Mit dem Einsatz von agilen Methoden (z. B. Design Thinking) erge-ben sich auch Möglichkeiten, die Beschäftigten viel stärker und wirk-samer in Organisationsentwicklungsprozesse einzubeziehen.[200] Auf-grund des höheren Wirkungsgrads innerhalb der Organisation kommt gerade den höheren Führungsebenen eine besondere Verantwor-tung zu. In der strategischen Ausrichtung und einer gelungenen

---

[199] Piber (2008), S. 84
[200] Häusling/Kahl (2018), S. 51

Kommunikation nach innen und außen sind Führungskräfte besonders gefordert.[201]

In Sozialen Unternehmen sind Mitarbeiter und Mitarbeiterinnen in den meisten Segmenten der Sozialwirtschaft eigenverantwortlich für ihr Handeln und dessen Ergebnis. Die Aufgabe der Führungskräfte von Fachkräften besteht meistens darin, Orientierung zu geben – in der fachlichen Entwicklung von Mitarbeitern und im Schaffen von Rahmenbedingungen für Selbstorganisation und Selbstverantwortung. Interessanterweise sind das genau jene Aufgaben, die auch von Führungskräften agiler Organisationen gefordert werden.[202] Die Schaffung von Rahmenbedingungen durch Führungskräfte beinhaltet auch jene Aspekte, die die Innovationsfähigkeit von Organisationen steigert. Die Bedeutung der Innovationsfähigkeit steigt angesichts der rasanten und abrupten (disruptiven) Veränderungen innerhalb von Branchen und steht im Gegensatz zur ständigen Steigerung der organisationalen Effizienz.[203]

Wie in Kapitel 3 beschrieben, verändern sich Arbeits- und Lebenswelten von Mitarbeiterinnen. Die Strukturen werden dezentraler, das Arbeiten wie auch das Leben in sich vernetzter. Um Innovationen zu ermöglichen, sind redundante Ressourcen für die Entwicklung notwendig (siehe auch Abschnitt 4.2). Diesen Spielraum zu verschaffen, müssen Führungskräfte Wege finden, neben dem Tagesgeschäft auch Mitarbeitern die Möglichkeit zu geben, Ideen einzubringen und zu verfolgen. Schließlich kann das Auffinden von Potenzialen der Digitalisierung für die eigene Organisation in ihren vier Sichten nicht nur durch einige wenige Köpfe geschehen, sondern ist erfolgreicher, wenn – im Sinne der Merkmale der Digitalisierung – der Kunde und Mitarbeiterinnen eingebunden werden.

6.2 Arbeitnehmerinnen und/oder Auftragnehmerinnen von morgen

Unsere Zugangsweise umfasst nicht nur die unternehmerischen und fachlichen Aspekte, sondern wirft auch einen Blick auf die Arbeitssituationen, die sich durch die Digitalisierung verändern. Die Analysen in den Abschnitten 2.6.6 Verplattformung, 3.4 Arbeitswelt zeigen,

---

[201] Häusling/Kahl (2018), S. 74
[202] Häusling/Kahl (2018), S. 79
[203] Lenz/Grützmacher (2018), S. 4

dass die Digitalisierung Arbeitsplätze verändern wird, dass neue Qualifikationsanforderungen gestellt werden und dass die unmittelbaren Arbeitsbedingungen einer starken Veränderung unterliegen.

Alle Unternehmen sind gefordert – gegebenenfalls mit den Belegschaftsvertretern – Vereinbarungen zum Schutz der Daten der Mitarbeiterinnen zu treffen, um den Standards der Datenschutzgrundverordnung (DSGVO) zu entsprechen.

Die deutsche Bundesregierung hat in den Jahren 2015 und 2016 zu den Fragen rund um die Digitalisierung der Arbeitswelt einen umfangreichen und breiten Diskussionsprozess durchgeführt, der ein „Weißbuch Arbeiten 4.0" als Ergebnis hatte. Dort sind die unterschiedlichen Fragestellungen und mögliche Lösungsansätze umfangreich dokumentiert[204], von der Beschäftigungsfähigkeit bis zur gesunden Arbeit, von der Teilhabe bis zur Weiterentwicklung des Sozialstaats.

Die zunehmende Entgrenzung von Ort und Zeit zur Erbringung der Arbeitsleistung macht Anpassungen in den Arbeitsverträgen erforderlich. Und der Einsatz von Arbeitsleistungen des Crowdworking wirft u.a. die Frage auf, ob es Leistungsverträge oder nicht doch Dienstverträge sind, woran sich die Frage schließt, wem im Einzelfall die Dienstgebereigenschaft zukommt[205]. Sozialrechtliche Absicherungen (Arbeitslosenversicherung, Kranken- und Unfallversicherung, Pensionsrecht) sind nur teilweise gegeben und müssen unter Umständen nachträglich geklärt werden.

Einen interessanten Zugang bietet etwa Michael Hübler in seinem Buch „New Work", in dem er eine Kombination aus den Anforderungen der Digitalisierung und Agilität und einer ethischen und demokratischen Herangehensweise bildet. So gewinnt er einen optimistischen und konstruktiven Zugang zur Digitalisierung der Arbeitswelt – mit Augenzwinkern. [206]

6.3 Welche Kompetenzen werden notwendig sein?

Die moderne Bildungswelt wie auch Unternehmen fordern den Erwerb von Kompetenzen und nicht (nur) den Erwerb von formalen

---

[204] Bundesministerium für Arbeit und Soziales (2016)
[205] Risak (2017)
[206] Hübler (2018)

Bildungsabschlüssen. Mit den Anforderungen digitaler Arbeits- und Lebenswelten umgehen zu können, drückt sich nicht im Vorhandensein von Zeugnissen, Zertifikaten und Teilnahmebestätigungen aus, sondern in der Kompetenz, auf eine Anforderung den richtigen Schritt zu setzen: die digitale Kompetenz.

Anforderungsprofile ändern sich. Mitarbeiter, Führungskräfte, aber auch Ehrenamtliche müssen sich in allen diesen Bereichen – in unterschiedlicher Intensität – auf dem Laufenden halten:

- Welche technologischen Entwicklungen sind für mich und meine Kundinnen und Kunden relevant?
- Welche neuen Aufgaben gibt es in der Arbeitswelt, welche neuen Berufe?
- Wie vermittle ich das Wissen an meine Kundinnen?
- Welche Entwicklungen wird es für meinen Arbeitsplatz geben, worauf sollte ich achten?

Beispiel:

Der Unterschied zwischen Papierakt und digitalem Akt liegt im Detail: Hatten Sie mit einem Papierakt jemals das Problem, dass Sie Ihren Zugang vergessen haben und deshalb nichts dokumentieren konnten?

Welche Kompetenzen in digitalisierten Arbeits- und Lebenswelten gefragt sein werden, ist noch offen. Beforscht werden die sogenannten digitalen Kompetenzen jedoch bereits.[207]

Ein Versuch, digitale Kompetenzen zu beschreiben ist der Referenzrahmen der EU. Analog zum Referenzrahmen für Sprachen hat die EU einen Referenzrahmen für digitale Kompetenzen herausgegeben.[208] Dieser kategorisiert digitale Kompetenz in die Bereiche Datenverarbeitung, Erstellung von Inhalten, Kommunikation, Problemlösung sowie Sicherheit und lässt eine Unterteilung in drei Kompetenzgrade zu, elementare, selbstständige und kompetente Verwendung. Die Autoren merken an dieser Stelle an, dass sie bei der Arbeit mit dem Referenzrahmen in Seminaren zur digitalen

---

[207] zur vertiefenden wissenschaftlichen Auseinandersetzung empfehlen wir Ahrens/Molzberger (2018)
[208] EU (2018)

Kompetenz die Erfahrung gemacht haben, dass ein Kompetenzgrad, der der Expertenverwendung, in der derzeitigen Darstellung fehlt. Das Programmieren von Software- oder Hardwareanwendungen geht in der Kompetenz nach Meinung der Autoren deutlich tiefer als das Beherrschen von Formatierungsfunktionen unterschiedlicher Tools.

Digitale Kompetenz ist, wie wir anhand des Referenzrahmens sehen können, weit mehr als das, was wir in (Aus-)Bildung oder in Weiterbildungen erlernen können. Vieles an digitalen Kompetenzen ist Erfahrungswissen, also auf Erfahrung beruhendes, implizites und deshalb nur schwer übertragbares Wissen. Aus der strategischen Personalentwicklung und dem Wissensmanagement wissen wir, dass die Übertragung von implizitem Wissen zur Königsdisziplin gehört. Ein möglicher Weg der Übertragung ist die Vernetzung von Personen, zwischen denen Erfahrungswissen übertragen werden soll.[209]

Digitale Arbeitswelten erfordern von Arbeitenden zum Teil auch neue Kompetenzen, die man vielfach nur auf dem praktischen Weg erwerben kann. Ein dreisemestriges Forschungsprojekt der Fachhochschule Linz hat dazu gezeigt, dass 50 Prozent der Fachkräfte ihre digitale Kompetenz aus dem Studium mitbringen, aber 83 Prozent erwerben weiterbildende Inhalte autodidaktisch und 50 Prozent zusätzlich mit Unterstützung von Kolleginnen und Kollegen. Nur 30 Prozent der Befragten erhalten interne Schulungen, die sich außerdem überwiegend mit Datenschutz und Datensicherheit befassen.[210]

Jener Aspekt der digitalen Kompetenz, der unter Erfahrungswissen fällt, legt die Frage nahe, wie außer Vernetzung noch die betreffenden Kompetenzen erworben werden können. So ein Aspekt ist z. B. die richtige Internetrecherche. Möglich ist, dass wir derartige Kompetenzen nur durch Trail-Error-Verfahren lernen, d.h. im Arbeitsprozess selbst ausprobieren. Gelang es, eine Problemstellung zu lösen, wissen wir für künftige Problemstellungen einen Lösungsweg. Wir sehen, technische und soziale Prozesse greifen ineinander.

Sichtbar wird jedenfalls, dass für den Erwerb von digitalen Kompetenzen ein gewisses Maß an Problemlösungskompetenz erforderlich ist.

---

[209] Kinkel et al. (2018), S. 26
[210] Kletzl/Wächter (2019)

Die Auswirkungen der Digitalisierung zeigen uns, dass Wissen eine entscheidende Komponente für eine erfolgreiche Auseinandersetzung mit Digitalisierung ist. Doch der strukturelle Wandel der Arbeit, den die Digitalisierung mit sich bringen kann, bringt gleichzeitig auch neue Möglichkeiten des Lernens – den Erwerb von Kompetenzen abseits der analogen Welt.

Dienstgeber in Sozialen Unternehmen erwarten zwar digitale Kompetenzen von Mitarbeitern und Mitarbeiterinnen auf (fast) allen Ebenen, doch werden diese nur selten in den Stelleninseraten und Stellenausschreibungen explizit beschrieben. In der Studie zur digitalen Kompetenz in der Sozialen Arbeit von Kletzl, Helene/Wächter, Bettina geben 25 Prozent an, bei Bewerbungen nicht zu wissen, ob digitale Kompetenzen gefordert werden. Bei 54 Prozent der Bewerbungen werden zwar digitale Kompetenzen erwartet, aber nur bei 19 Prozent sind diese auch angeführt.[211]

Aus- und Weiterbildungseinrichtungen sind heute im Rahmen von Qualitätssicherungsprogrammen stetig gefordert, ihre Curricula anzupassen. Darum sind hier in absehbarer Zeit zusätzliche Erweiterungen und Präzisierungen im Angebot zu erwarten.

Aus England gibt es bereits erste Definitionen für digitale Ausbildungsstandards in der Sozialen Arbeit.[212] Dabei werden vor allem folgende Themen hervorgehoben: die digitale Sozialpolitik in unterschiedlichen Handlungsfeldern, die Bedeutung sozialer Ungleichheit und Ausgrenzung für den Zugang zur digitalen Welt, virtuelles Lernen. Dazu kommen ethische Fragestellungen für die Anwendung digitaler Mittel in der Arbeit mit spezifischen Klientengruppen.

Insgesamt kann gesagt werden: welche Kompetenzen im sozialwirtschaftlichen Kontext notwendig sein werden, zeichnet sich in Grundzügen ab, ist aber noch nicht ausreichend definiert.

6.4 Technik für die Basis

Während der konkreten Umsetzung von Digitalisierungsprojekten kann ersichtlich werden, dass die Anforderungen die Möglichkeiten der IT-Ressourcen übersteigen. Digitalisierung hat eine große technische Komponente. Ob man diese Komponenten nun selbst aufbringen oder sie wie ein Service (Software as a Service) beziehen

---

[211] Kletzl/Wächter (2019)
[212] Watling/Rogers (2012)

möchte, ist eine Entscheidung, die von einigen Faktoren abhängt. Diese Faktoren können z. B. die Größe der Organisation, die zur Verfügung stehenden Ressourcen (Geld sowie Know-how) oder auch vorhandene Strategien sein.

Die Autoren fordern, dass jedes Soziale Unternehmen eine IT-Strategie formulieren sollte. Wenn Sie sich als Leser/-in nun fragen, ob dies wirklich notwendig ist, können wir Ihnen einige Argumente dafür liefern. Natürlich hängt der Umfang, der Ausformulierungsgrad der Strategie von der Größe und der Komplexität des Sozialen Unternehmens ab. Die Autoren haben in Abschnitt 2.7 beschrieben, wie umfangreich digitale Anwendungen sein können, und in Abschnitt 4.3 erläutert, wie der digitale Reifegrad aussehen muss, um digitale Anwendungen umsetzen zu können. Kurz gefasst: Für digitale Anwendungen größeren Umfangs ist ein hoher Reifegrad nötig. Diesen erreichen Sie durch eine gute technische Basis. Was eine gute technische Basis ist, wissen Sie, wenn ein Konzept oder eine Vorgehensweise existieren, technische IT-Architektur und IT-Infrastruktur beschrieben sind und der Wert der IT und ihrer (Dienst-)Leistungen aktiv an Kundinnen und an Mitarbeiter kommuniziert wird. Dies alles ist Teil einer IT-Strategie. Aus der Strategie lassen sich jährliche Ziele ableiten und Risikoabschätzungen vornehmen[213], welche Sie auch im Rahmen der DSGVO, also des Datenschutzes benötigen. Wenn Sie wollen, können Sie darauf eine Digitalisierungsstrategie aufsetzen.

In der Sozialwirtschaft dient die IT größtenteils als Werkzeug, als Unterstützung im Arbeitsalltag. Im besten Fall nimmt man Systeme erst dann bewusst wahr, wenn sie nicht mehr funktionieren. Die IT wird also dann wahrgenommen, wenn es Probleme gibt. Diese Negativbesetzung kann ein Hinderungsgrund für die Umsetzung digitaler Anwendungen sein. Deshalb ist auch die wirksame Kommunikation des Wertes der IT an Kundinnen und Kunden sowie Belegschaft, wie oben beschrieben, so wichtig.

Nutzen Sie für die Planung von Anwendungen – auf Basis Ihrer von der IT-Strategie abgeleiteten Ziele – Methoden wie Design Thinking. Diese Methoden fokussieren die Einbindung von Mitarbeiterinnen und helfen, die Nutzerperspektive einzunehmen. Entscheidungen treffen Technikerinnen daher nicht alleine und im eigenen Büro,

---

[213] Tiemeyer (2007), S. 40

sondern unter Berücksichtigung von Anwenderwissen. Anwendungen sollen dem Anwender dienen, keinem Selbstzweck (endbenutzerzentriert).

Als Ausgangspunkt für die Steuerung der IT und die Überprüfung der IT-Strategie kann das in Abschnitt 2.3 vorgestellte Vier-Sichten-Modell dienen.

Beobachtungen der Autoren im Arbeitsalltag lassen darauf schließen, dass IT-Systeme dynamisch ausgelegt und flexibel skalierbar sein müssen. Die Schlagworte lauten modular, ubiquitär, kostengünstig und sicher. Da es sehr wenig Branchensoftware gibt, werden Systeme für privatwirtschaftliche Unternehmen gerne adaptiert. Im Zuge der Digitalisierung kann es deshalb sinnvoll sein, gemeinsam mit anderen Sozialen Unternehmen einen Branchenstandard für Anwendungen zu etablieren.

Die Free Software Foundation Europe (FSFE) tritt dafür ein, dass mit öffentlichen Geldern für öffentliche Verwaltungen entwickelte Software unter einer Freie-Software- und Open-Source Lizenz veröffentlicht wird. Damit soll erreicht werden, dass gute Lösungen für jeden Zweck, ohne zeitlichen Ablauf oder geografische Begrenzung eingesetzt, kopiert und verändert werden können. Freie Software („Free Software") steht dabei als Synonym für viele andere bekannte Begriffe wie Open Source, Libre Software oder FOSS/FLOSS.[214] (Der Begriff Open Source wurde bereits in Abschnitt 2.6.3 beschrieben. Mit dem Thema Sharing Economy befasst sich Abschnitt 3.6.)

Für die Digitalisierung sind Investitionen in die technische Basis analog zum Reifegradmodell aus Abschnitt 4.3 notwendig und Treffen das alltägliche Paradigma Sozialer Unternehmen: Enge Budgets lassen kaum Investitionen zu. Mit Open Source Produkten bleiben zwar die Lizenzkosten niedrig, dafür steigt der Wert der Humanressource durch die Anwendung von Systemwissen. Ohne dieses wird es aber in Zukunft nicht gehen, die Richtung geht in mehr Technik als weniger.

Zuletzt bleibt die Frage, wie bestehende Systeme hinsichtlich ihres Einsatzes optimiert werden können. Oft wird der volle Umfang einer Systemlösung gar nicht verwendet, da Funktionen nicht bekannt sind (z. B. gehen diese bei Personalwechsel verloren oder sind nicht ordentlich geschult worden).

---

[214] FSFE (2019)

6.5 Entwicklung und Innovation von Dienstleistungen

Dienstleistung entsteht im Beisein und oft unter Mitwirkung der Kundinnen und Kunden oder Klientinnen und Klienten.[215] Die Kompetenz der Fachkräfte ist daher für die Qualität der Dienstleistung unerlässlich. Beim Themenfeld Digitalisierung sprechen wir dabei von digitalen Kompetenzen.

„Der Umgang mit der täglichen Datenmenge gehört als digitale Kompetenz in den Werkzeugkasten jedes Mitarbeiters."[216]

Kundinnen und Kunden zuerst: Für eine vitale Organisation ist es unerlässlich, sich immer wieder mit den neu und anders verstandenen Problemen der Kundinnen und Kunden auseinanderzusetzen.[217] Die Kundinnen und Kunden sind Teil der Leistungserbringungen und damit wesentlicher Bestandteil der Entwicklung von digitalen Produkten, Angeboten und Leistungen. Partizipation ist gefragt – als Prozess, um die Bedürfnisse der Kundinnen und Kunden wahrzunehmen. Herangehensweisen in digitaler Produktentwicklung liefern uns dafür unzählige Möglichkeiten, z. B. das in diesem Buch schon öfter erwähnte Design Thinking.

Dieser Ansatz verfolgt die Zielsetzung, für bestehende Probleme neue Lösungen zu finden. Diese Lösungen orientieren sich konsequent an den Bedürfnissen der Kundinnen und Kunden. Der Prozess selbst ist intuitiv und iterativ, ein multidisziplinäres Team setzt multidisziplinäre Techniken ein.[218] Ursprünglich wurde Design Thinking für die Entwicklung von physischen Produkten entwickelt (Ingenieure sollten lernen, nicht nur technische, sondern auch nutzerbezogene Aspekte in Produktentwicklungen einzubeziehen), findet aber heute in unterschiedlichen Gebieten Anwendung.[219]

Wir haben es bei der Digitalisierung grundsätzlich mit einer interdisziplinären Entwicklung zu tun. In Sozialen Unternehmen sind multiprofessionelle Teams tätig. Kundinnen und Kunden kommen mit vielschichtigen Problemstellungen und Anliegen. Die Wege zur Lösung dieser Problemstellungen und Anliegen werden häufig

---

[215] Schneider et al. (2007), S. 22
[216] Lietzke (2017), S. 25
[217] Gössler (2017), S. 33
[218] Schallmo (2017), S. 14
[219] Fleischmann et al (2018), S. 142

durch eine andere Anspruchsgruppe ermöglicht (Stichwort Finan-
ziers). Nutzen wir also Methoden für die (Weiter-)Entwicklung von
Leistungen, Produkten und Angeboten, die diese Aspekte allesamt gleichsam betrachten und das Potenzial dieser Aspekte
nutzt, anstatt sie an unergiebige und unsere Kundinnen und Kunden vernachlässigende, ressourcenbelastende Mechanismen zu
verschwenden.

6.6 Neue Soziale Arbeit

Soziale Arbeit als Profession wird – unter anderem – damit charak-
terisiert, dass sie auf spezifische Problemlagen von Einzelnen, Gruppen und Gemeinwesen individuell eingehen kann und individualisierte Lösungen erarbeiten kann. In zahlreichen Konzepten wird
hervorgehoben, dass Anamnesen multiperspektivisch und umfassend erstellt werden. Die Betreuung könne durch die qualifizierten
und erfahrenen Fachkräfte individuell ausformuliert und umgesetzt
werden.

Doch gerade die Individualisierung stellt nun – möglicherweise – kein
Alleinstellungsmerkmal der Sozialen Arbeit mehr dar. Um dies zu
erkennen genügen zwei bis drei Suchanfragen bei Amazon – schon
erhält man „individualisierte" Vorschläge für weitere Anschaffun-
gen. Diese Vorschläge beruhen auf den eigenen Nutzungsgewohn-
heiten, die ein Algorithmus mit einer riesigen Menge von weltweit
gesammelten Erfahrungsdaten abgleicht (vereinfacht gesagt). Und
die Vorschläge dieses Algorithmus sind womöglich ebenso zutref-
fend oder unzutreffend wie die des Sozialarbeiters, der mich zum
dritten Mal sieht.

Als Fachkräfte der Sozialen Arbeit können wir diesen rasanten
und vielfältigen Entwicklungen oft nur erstaunt zuschauen. Wir
verbessern unsere eigenen Kenntnisse über die digitalen Begriffe in
Fortbildungen, lernen Techniken für die Dokumentation und Kommunikation korrekt anzuwenden und befürchten, dass die menschliche Komponente, die unsere Arbeit kennzeichnen sollte, dabei
verloren geht.

Mit den Mitteln der Künstlichen Intelligenz wird schon heute an
gezielten Therapievorschlägen gearbeitet. In der Medizin gibt es
bereits klar nachweisbare Erfolge, dass Einschätzungen, die von

Algorithmen erarbeitet wurden, die ärztliche Diagnose erfolgreich unterstützen können.

Und so stellt sich die Frage: Wo bleibt das Spezifikum der Sozialen Arbeit?

So sehr die Technik bereits im Stande ist, menschliche Gehirnleistungen nachzuahmen, Gesichtszüge erkennen kann und logische Verknüpfungen auf höchstem Niveau herstellt, so bleiben doch Aufgaben, die nur zwischen physischen Menschen stattfinden können. Eine Gesamtsituation zu erfassen, Gefühle in tieferen Schichten wahrzunehmen und viele unterschiedliche Signale in einer menschlichen Begegnung zu einem Ganzen zu verbinden und zu verstehen wird noch länger der menschlichen Kommunikation überlassen bleiben. Begegnung, Wertschätzung und Vertrauen – die Grundlagen der professionellen Beziehungsarbeit – sind nicht so einfach ersetzbar.

Was Algorithmen (bisher?) nicht so leicht verarbeiten können sind etwa kurzfristige regionale Änderungen – neue Mitarbeiter vor Ort und deren Arbeitsstil. Sie können nicht in die Zukunft schauen ohne ausreichende Parameter, sie kennen nicht die Erfahrungen und die Konstellationen der handelnden Personen und ihrer gemeinsamen Geschichten. Tiefergehende Analysen insbesondere zu den Bereichen der digitalisierten Dokumentation und der automatisierten Risikoeinschätzung finden sich in mehreren Beiträgen des Sammelbandes „Mediatisierung (in) der Sozialen Arbeit"[220]

Muss sich die Soziale Arbeit neu erfinden, um die eigene Identität in der neuen digitalen Welt klar beschreiben zu können?

Wir nehmen an,

dass es nicht damit getan sein wird, einige geschickte Anpassungen vorzunehmen und das Repertoire Sozialer Arbeit ein wenig zu erweitern. Es wird darum gehen, Sozialarbeit und Sozialpädagogik in der Welt neu zu denken, die durch die Digitalisierung umfassende neue Spielregeln bekommen hat.

---

[220] Kutscher et al. (2015); S. 171 ff.

Wir schlagen vor,

wieder auf die Grundfrage zurückzukommen, was Soziale Arbeit eigentlich ist. Und fürs Erste können wir mit der internationalen Definition der Sozialen Arbeit beginnen. Um der Übersetzungsproblematik ein wenig zu entkommen beziehen wir uns hier auf das englische Original:

„Social work is a practice-based profession and an academic discipline that promotes social change and development, social cohesion, and the empowerment and liberation of people.

Principles of social justice, human rights, collective responsibility and respect for diversities are central to social work. Underpinned by theories of social work, social sciences, humanities and indigenous knowledge, social work engages people and structures to address life challenges and enhance wellbeing.

The above definition may be amplified at national and/or regional levels."

Auf die Frage: Was tut Soziale Arbeit?, gibt es in diesem Text nur zwei einfache Verben als Antwort: „promote" (fördern) und „engage" (erreichen/einbinden/fördern). Begriffe wie „helfen" oder „vertreten" werden nicht genannt. Ausgehend von der Idee, dass Soziale Arbeit vor allem gesellschaftlichen Wandel, Entwicklung und sozialen Zusammenhalt fördert sowie die Ermächtigung und Befreiung von Menschen, lässt sich durchaus der Methodenkanon breit erweitern. Was immer dazu beitragen kann, die zentralen Ziele der Sozialen Arbeit zu „promoten", kann fachlich-methodisch ausformuliert und umgesetzt werden.

So können von den in der Sozialen Arbeit Tätigen ganz neue Handlungsformen gefunden werden, um die Menschen zu erreichen und in den Strukturen wirksam zu werden. Ziel ist es, die Herausforderungen des Lebens zu bewältigen und das gemeinsame Wohlergehen zu verbessern. Dabei können digitale Techniken bis hin zur Künstlichen Intelligenz und zur Robotik sehr hilfreich sein. In manchen Bereichen werden sie aktuelle Tätigkeiten der Fachkräfte übernehmen und ersetzen. Gleichzeitig werden neue Methoden und Techniken entstehen, mit digitaler Unterstützung effizient und einfühlsam hervorragende Arbeit für die Klient/innen und Kund/-innen zu leisten.

Dafür wird es neuer Arbeitsformen bedürfen und die Zusammenarbeit zwischen Mensch und Maschine[221] muss noch viel gründlicher erforscht und entwickelt werden. Und dann wird es erst möglich sein, einzuschätzen und nachzuweisen, wo Digitalisierung an die Grenzen gerät und die Leistungen der Fachkräfte der Sozialen Arbeit ihre besondere Stärke zeigen können.

Mit großer Wahrscheinlichkeit kann davon ausgegangen werden, dass die Tätigkeiten zukünftiger Sozialpädagoginnen und Sozialarbeiterinnen von der Digitalisierung überformt sein werden und sich in manchen Handlungsfeldern erheblich von der heutigen Arbeitsweise unterscheiden. Ihre Fortbewegungsmittel, ihre Dokumentation und fachlichen Diskurse haben sich in den letzten 50 Jahren auch ohne Digitalisierung bereits erheblich verändert. Ihre Kernaufgabe in der modernen Gesellschaft ist im Rahmen dieser „dritten industriellen Revolution" nach wie vor unersetzbar, wenn sie sich gründlich mit den gesellschaftlichen und technologischen Änderungen auseinandersetzt und den Menschen dabei unterstützt, das persönliche und gesellschaftliche Wohlergehen zu fördern.

Praktiker, Forscherinnen und Lehrende haben ein breites Feld vor sich, Soziale Arbeit neu zu erfinden und in der veränderten digitalen Gesellschaft wirksam zum Einsatz zu bringen.

Der klassische Methodenkanon aus Einzelfallhilfe, Gruppenarbeit und Gemeinwesenarbeit ist schon lange weiterentwickelt und ausdifferenziert worden. Und im sozialen Feld wurden zahlreiche spezialisierte Einrichtungen geschaffen, die über qualifizierte Theorien und Arbeitsweisen verfügen. Wir gehen davon aus, dass die Digitalisierung nicht nur zusätzliche Techniken und Methoden bringen wird, sondern die gesamte Profession verändern wird und verändern wird müssen. Digitalisierung eröffnet der Sozialen Arbeit aber auch neue Möglichkeiten, sich mit zivilgesellschaftlichen Initiativen – über Grenzen hinweg – zu vernetzen und den sozialen Wandel jenseits nationaler Beschränkungen voranzutreiben. Insgesamt muss Soziale Arbeit neu gedacht werden, um ihren Platz in der Gesellschaft einzunehmen und wirksam zu sein.

---

[221] aktuelle Forschungsbeiträge dazu liefert das Institut für Roboterpsychologie an der Johannes Kepler Universität Linz (Ö), das Martina Mara leitet; Mara (2016)

Christian Dopheide resümiert in seinem breit angelegten Blick auf die Digitalisierung des Sozialen:

„Mit anderen Worten: unter dem Einfluss digitaler Lösungen wird sich auch Soziale Arbeit tiefgreifend verändern. Sie wird sich funktional differenzieren. Wiederkehrende Verrichtungen und Prozesse – von der Diagnosestellung über das Rechnungswesen bis hin zum Flure Wischen – werden von Algorithmen übernommen. Persönliche Assistenzleistungen werden von angeleiteten Helfern übernommen. Professionelle Soziale Arbeit hingegen wird eine erhebliche Aufwertung erfahren mit einem Schwerpunkt in der Reflexion, in der Bildung, Anleitung und Organisation sowie in der soziokulturellen Arbeit."[222]

6.7 Ethische Aspekte für die digitale Sozialwirtschaft

Die technischen Möglichkeiten der Digitalisierung und die Daten, die sie verarbeitet, sind Möglichkeiten, mit der Welt und den vorhandenen Dingen umzugehen und können daher neutral betrachtet werden. Oder sie könnten es. Die ungeheure Vielfalt der Anwendungsmöglichkeiten und das rasante Tempo, in dem sich unser Alltag und unsere Umwelt verändert, lösen jedoch häufig Verunsicherung, Sorge und auch Ängste aus. Die Gründe dafür sind nachvollziehbar, wie Nikolai Horn von der Stiftung Datenschutz ausführt:

„Die Digitalisierung hat eine Dimension erreicht, die neue Formen der Datifizierung (sic) (Datenerhebung, -auswertung, -interpretation), der Automatisierung (z. B. über Algorithmen), der Virtualisierung und Vernetzung und der Mensch-Maschine-Interaktion zulassen. Technisch betrachtet bietet die Digitalisierung nie dagewesene Handlungsoptionen, welche bisher allerdings gesellschaftlich noch nicht bewertet wurden. Ihr Einsatz findet heute bereits statt, hinsichtlich ihrer ethischen Einordnung ist somit Dringlichkeit geboten."[223]

- Algorithmen sind eindeutig definierte Vorschriften oder Handlungsanweisungen, die in Programmen verwendet werden. Dadurch ist es möglich die Daten einer Analyse und einer entsprechenden Auswertung zu unterziehen. Bereits in diesem basalen

---

[222] Dopheide (2017), S. 229
[223] Horn (2017)

Bereich stellen sich ethische Fragen, vor allem dann, wenn die Datenverarbeitung Menschen und ihr Zusammenleben betrifft: Welche Vorannahmen über Menschen, ihr Verhalten, ihre Unterschiede und ihre Kommunikationsmuster werden programmiert? Beim Einsatz Künstlicher Intelligenz, die ständig große Datenmengen erhebt und integriert, macht es einen Unterschied, auf welche Datenquellen sie sich stützt, denn sie wird die soziale Ungleichheit, die in den Quellen enthalten ist, reproduzieren – wenn nicht für eine kritische Instanz gesorgt ist. Aus ethischer Sicht ist auch zu fordern, dass Algorithmen einer Analyse zugänglich sein müssen.

- Werden die Daten, die über Klienten und Klientinnen erhoben werden oder unabhängig von professioneller Beratung bereits im Internet existieren, von der Sozialverwaltung in irgendeiner Weise weiter genutzt? Und wenn dies im konkreten Fall technisch noch nicht ermöglicht ist, kann in Zukunft auf gespeicherte Daten rückwirkend zugegriffen werden bis hin zu möglichen Sanktionen (wie z. B. Leistungskürzungen)? Gibt es bei der Datenerfassung ethische Grundsätze für die handelnden Berater und Betreuer? Sie können sich ja schwerlich darauf verlassen, dass der Arbeitgeber/Dienstgeber dem Fördergeber die Daten nicht zur Verfügung stellen wird müssen. Und Einwilligungserklärungen der Klienten können dieses ethische Problem nicht einfach aus der Welt schaffen, denn es bleibt die Frage, ob die Klienten ausreichend informiert und imstande waren, die Tragweite ihrer Entscheidung einzuschätzen.

- Die personenbezogenen Daten, die durch die Nutzung des Internets erzeugt werden, sind vielfältig. Sie umfassen Suchbegriffe, Einkaufsgewohnheiten, Kommunikationen und Kontaktdaten, Angaben zu Ausbildung, Beruf und Freizeitverhalten, Ernährungsgewohnheiten und gesundheitliche Informationen, sozialem Status und Finanzen. Was bedeutet es, mit diesem Profil – letztlich unauslöschlich – präsent zu sein. Der Nutzer wird damit nicht nur Adressat für Onlinehändler, sondern kann auch für andere Zwecke analysiert, bewertet und gezielt angesprochen werden. Dabei wird der einzelne Nutzer einer idealtypischen Gruppe zugerechnet oder aber auch individuell als Einzelperson erfasst. Unter bestimmten gesellschaftlichen Konstellationen, wie z. B. in autoritären Staaten, kann damit auch soziale Ab- oder Aufwertung, Kontrolle und Sanktionierung verbunden werden.

- Wie wirkt sich die digitale Erfassung und Auswertung anonymisierter klientenbezogener Daten auf die Wirkungsdiskurse aus? Selbstverständlich bilden sich in den programmierten Erfassungsinstrumenten und Analysetools bestimmte Vorannahmen über psychologische, soziale und (päd)agogische Zusammenhänge ab. Wer hat die Macht und die Mittel, diese Instrumente zu erstellen bzw. deren Verwendung vorzuschreiben. Sie zu hinterfragen benötigt fachliche Kompetenz, die bei vielen Akteuren in der Sozialwirtschaft (und Sozialpolitik) keineswegs noch ausreichend gegeben ist.

- Wenn Klientinnen aktiv – womöglich sogar direkt über ein Interface – an der Kommunikation und Datenermittlung mitwirken sollen, benötigen sie ausreichend Kompetenz dafür. Sind Sozialunternehmen nicht auch dafür mitverantwortlich, diese Zugänge so niederschwellig wie möglich zu halten und die Qualifikation der Klientinnen zu befördern, um dem Ausgrenzen und Abhängen von Klientengruppen aktiv entgegenzuwirken?

- Noch weiter gehen da Julian Nida-Rümelin und Nathalie Weidenfeld[224], indem sie die ethische Frage auf die selbständig handelnden Roboter beziehen, die aufgrund von Gefahreneinschätzungen Entscheidungen treffen, die das Leben von Menschen beenden können oder auf viele andere Weisen das gesellschaftliche Zusammenleben beeinflussen. Mit der These des Digitalen Humanismus sehen sie in jedem Fall eine Grenze, die – wenn auch manchmal schwer erkennbar – algorithmische Effizienz von menschlicher Ethik trennt.[225]

- Wenn der gläserne Mitarbeiter bereits Realität ist, ist es entscheidend, klare Regelungen über die Zulässigkeit von Zugriffen und Auswertungen durch den Dienstgeber zu treffen. Dazu zählt auch die Möglichkeit von Vertreter/innen der Arbeitnehmer/innen die Zugriffsmöglichkeiten zu kontrollieren.[226] Verfügen sie dazu über ausreichend Expertise?

---

[224] Nida-Rümelin/Weidenfeld (2018)
[225] Dass die Autoren dabei erfolgreiche Science-Fiction-Filme zum Ausgangspunkt nehmen, macht die Lektüre außerdem recht unterhaltsam.
[226] Schwarzbach (2016), S. 121 ff.

- Martina Mara, Professorin für Roboterpsychologie an der Johann Kepler Universität Linz, befasst sich damit, wie Roboter gestaltet sein sollen, um eine angenehme Zusammenarbeit mit Menschen zu gewährleisten. Dabei sieht sie die Bemühungen, sie besonders menschenähnlich zu bauen, durchaus kritisch. Bestens funktionierende Arbeitsabläufe in der Kooperation mit Robotern sind durchaus möglich, wenn diese nur funktional gestaltet sind.[227] Menschenähnliche Roboter lösen oft Gruselgefühle aus und werden als Geräte für den alltäglichen Umgang emotional negativ besetzt, auch wenn sie in Science-Fiction-Filmen gerne zum Einsatz kommen. Hingegen haben Staubsaugerroboter und Smart Speaker (wie Alexa) viele Haushalte erobert, ohne uns ähnlich zu sehen.

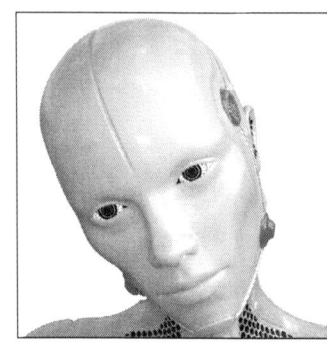

Abbildung 14:
Brauchen Roboter einen Kopf?

Mit den gewaltigen Umbrüchen, die die Digitalisierung für den sozialen Umgang, die Kommunikation miteinander und die Nutzung bisher als höchstpersönlich betrachteter Daten mit sich bringt, braucht es neue Überlegungen und Entscheidungen, welche Grenzen zu ziehen sind und welche Anwendungen unzulässig sind. Der ethische Diskurs wird angetrieben durch Ängste des Missbrauchs und der Überforderung mit der Fülle an Möglichkeiten, die in rascher Folge auch noch zuzunehmen scheinen. Um ernsthaft in die Auseinandersetzung einzutreten und nachhaltige Maßnahmen setzen zu können, braucht es fachliches Wissen über die realen technischen Gegebenheiten, die unmittelbaren und mittelbaren Auswirkungen der einzelnen Anwendungsfälle und eine Analyse der Strukturen und Abläufe, die mit den digitalen Instrumenten ausgelöst werden. Aufgrund der Komplexität, des Finanzbedarfs und der weltweiten Verknüpfung über das Internet ist es unumgänglich, die Machtfrage nach dem Zugang zu den Ressourcen zu stellen. Die hochpotenten Instrumente der Digitalisierung benötigen politische Absicherung ihrer Freiheit, um die demokratischen Errungenschaften abzusichern und nicht zur Gefährdung der Demokratie und der

---

[227] Mara (2016)

offenen Gesellschaft missbraucht zu werden. Petra Grimm vom Institut für Digitale Ethik Stuttgart fordert daher folgende Agenda für ein lebenswertes „Onlife"[228]:

1. Ausbildung einer werteorientierten Digitalkompetenz,

2. Förderung von risikoarmen Technologien (Ethics by Design) und entsprechender Geschäftsmodelle,

3. Verständigung auf Regeln, an denen sich Nutzer wie auch Anbieter orientieren.

Alle Verantwortungsträger sind gefordert, auch diese ethischen und politischen Fragen in Bezug auf die Anwendung digitaler Instrumente zuzulassen und mitzudiskutieren. Die Anwender und Anwenderinnen in der Sozialen Arbeit, in der Verwaltung und im Management müssen über Sachkenntnis verfügen, um Gefahren einschätzen und angemessen rechtzeitig darauf reagieren zu können. Und sie müssen sich immer wieder damit auseinandersetzen, welche Konsequenzen die Nutzung der digitalen Instrumente für sie und andere bedeuten kann.

6.8 Integrierte digitale Sozialunternehmen

Sozialunternehmen, die in einer Umwelt agieren, die rasant von digitalen Veränderungen geprägt ist, stehen vor der Herausforderung, sich in der Fülle der Entwicklungen rasch zu orientieren und das strategische Management umfassend auf die geänderten Rahmenbedingungen abzustimmen. Wesentliches Merkmal der Rahmenbedingungen einer digitalen Welt ist der rasante Fortschritt technischer Möglichkeiten und die zunehmende Integration aller betrieblichen Prozesse.

Erfolgreiche digitale Innovation bindet die Unternehmensbereiche und handelnden Personen sofort und beständig mit ein. Dabei verlässt die Unternehmensführung immer wieder auch die eingeübten Pfade der Strategieentwicklung und öffnet sich einer agilen Unternehmenskultur und einer Produktentwicklung, die vom Ansatz des Design Thinking geprägt ist.

---

[228] Grimm (2018)

Umfassende Weiterbildungsprozesse ermöglichen ein tiefergehendes Verständnis digitaler Prozesse, um so die vorhandenen Ressourcen auf allen Ebenen des Unternehmens an die veränderten Anforderungen optimal anzukoppeln. Beraterinnen betrachten die Bedürfnisse, die die Kundinnen äußern, als Chance für ein verbessertes Leistungsangebot, im Idealfall werden Kundinnen auch selbst direkt in die Entwicklungsprozesse eingebunden.

Techniker und Verwaltungskräfte sind die Zusammenarbeit schon seit einiger Zeit gewohnt. Beide sind aber herausgefordert, sich noch mehr als Teil eines Unternehmens zu verstehen, in dem Datenaustausch und Dienstleistung in enger Vernetzung auch mit anderen Bereichen weiterentwickelt werden. Die Kooperation von Technikern und Technikerinnen und Sozialpädagoginnen/Sozialarbeitern kann sich sehr belebend entfalten, wenn sich beide Seiten für die Logiken und Abläufe der jeweils anderen Fachkraft interessieren. Sie sind dann im Stande, eine gemeinsame Lösungsversion zu erarbeiten und koordinierte Realisierungsschritte zu setzen. Dadurch entsteht jener Mehrwert in der Umsetzung, den auch die Autoren in ihrer Praxis erleben, weil gemeinsam eine bessere Sicht auf eine Lösung möglich ist. Digitale Arbeits- und Lebenswelten sind interdisziplinär.

Das stabilste Merkmal der aktuellen digitalen Entwicklungen scheint die Dynamik zu sein. Daher dürfen die handelnden Personen in Sozialmanagement und Sozialer Arbeit keinesfalls erhoffen, einfach neue Lösungen im Sinne von neuen Vertriebswegen und Produkten erstellen zu können. Die vielfach beschriebene VUCA-Welt (siehe Abschnitt 3.3.3) wird jenen Sozialunternehmen den Vorrang geben, die es schaffen, Flexibilität und tieferes Verständnis für die Wirkungen von digitalisierten Prozessen zu generieren. Solchen Unternehmen kann es gelingen, den sich wandelnden Bedarfen gerecht zu werden und zwar so gerecht zu werden, dass der Nutzen für alle Anwender unmittelbar erkennbar ist.

Für die Ausgestaltung der Digitalisierungsmaßnahmen des konkreten Unternehmens sind mehrere Faktoren zu berücksichtigen, die miteinander in Wechselwirkung stehen.

Faktoren für Digitalisierungsbedarf und Digitalisierungspotenzial

- Grad der erforderlichen physischen Präsenz in der Leistungserbringung
- Größe der Organisation (Umsatz und Anzahl der Mitarbeiter/innen)
- Innere Differenzierung der Organisation (regionale Verbreitung, Vielfalt der Leistungsbereiche)
- Alter der Organisation (wirkt in unterschiedliche Richtungen: vgl. Abschnitt 4.3 Digitaler Reifegrad)
- Komplexität der Vernetzungen (vgl. Abschnitt 2.3.5 Einbindung des Sozialen Unternehmens)
- Anzahl der Klienten
- Finanzierungsmodell für die Dienstleistung: die Unterschiede ergeben sich aus den folgenden reinen oder kombinierten Formen der Finanzierung
  - Leistungsfinanzierung/Leistungsentgelte
  - Istkostenfinanzierung/Projektförderung
  - Subjektfinanzierung
  - Abgangsdeckung/Fehlbetragsfinanzierung
  - Subvention/Festkostenfinanzierung
  - Spenden und andere nichtöffentliche Mittel

7. Unsere Tipps für den eigenen Weg in einer digitalisierten Welt

Wie Sie in den vorangegangenen Kapiteln sehen konnten ist das Thema Digitalisierung sehr umfassend. Es betrifft viele Fachrichtungen und Disziplinen, greift in Arbeits- und Lebenswelten von uns selbst und unserer Kundinnen und Kunden ein und verändert Organisationen. IT, Philosophie, Ethik, Psychologie, Pädagogik, Management, Betriebswirtschaft, Personalmanagement – alles ist miteinander verbunden. Wie ein System.

Sie können von unseren Erfahrungen profitieren und mit Hilfe unserer Tipps aktiv auf Veränderungen durch die Digitalisierung eingehen.

1. Raus aus der Komfortzone!

Die digitalisierte Welt ist für viele Fachkräfte und Entscheidungsträger in Sozialen Unternehmen Neuland. Sich an neue Themen und Handlungsfelder in kleinen Schritten heranzutasten kann helfen, Angst abzubauen und neue Perspektiven zu öffnen. Setzen Sie sich kontinuierlich mit IT-Themen und Entwicklungen in der digitalisierten Arbeits- und Lebenswelt auseinander. Finden Sie die für Sie passenden Lesekanäle, gehen Sie auf Kongresse oder Austauschrunden oder fragen Sie Ihre Kollegen. Sie werden sehen, dass es nur sehr wenige digitale Themen gibt. Nicht die Fähigkeit zur technischen Produktentwicklung ist von Ihnen gefragt, sondern zu wissen, was mit dem Produkt alles möglich ist.

2. Erwarten Sie das Unerwartete!

Fühlen Sie sich nicht zu sicher, welche Entwicklungen möglich sind, vertrauen Sie veröffentlichten Meinungsbildern nur, wenn sie deren Zustandekommen hinterfragt haben – und auch Experten haben mit ihren Zukunftsprognosen schon geirrt.

Das bedeutet auch, dass technische Lösungen nicht mehr so stabil gebaut sein müssen um Jahrzehnte zu überstehen. Denn so manches Update eines Tools kann es unbrauchbar machen und so manche kleine Anwendung von morgen kann ihnen vielleicht billiger und schneller zum Erfolg verhelfen. Google Maps beispielsweise ist kostenlos und immer aktuell und ersetzt häufig erfolgreich das Navigationssystem.

3. Finden Sie heraus, was Sie wirklich brauchen!

Erfassen Sie die notwendigen digitalen Kompetenzen in Ihrer Arbeitsumgebung und halten Sie in einer Matrix fest, wer diese Kompetenzen bereits besitzt. Nicht wenige Kompetenzen in digitalisierten Arbeits- und Lebensumgebungen sind autodidaktisch angeeignet und können durch Kollegenschulungen weitergegeben werden.

Sie müssen nicht alles können, aber Sie müssen wissen, woher Sie Informationen bekommen und wer Ihnen helfen kann (Ressourcen).

4. Pflegen Sie Ihren digitalen Selbstwert!

Ein Element der digitalen Kompetenz besteht darin, sich Lösungen beschaffen zu können. Das Internet ist eine unendliche, kostengünstige und leicht zugängliche Quelle von Informationen. Fragen Sie Google & Co., wenn Sie nach etwas suchen. Es gibt (glauben wir) keine Frage, zu der eine Suchmaschine keine Antwort liefern wird. Suchen muss zwar geübt werden, damit man brauchbare Ergebnisse erhält. Mit jeder Suche werden Sie aber besser werden (Tipp: Suchen Sie nach Stichworten, nicht in ganzen Sätzen). Nicht jedes Ergebnis wird auch brauchbar sein – Sie werden lernen, diese zu unterscheiden.

5. Probieren Sie aus!

Gehen Sie auf Fachmessen, laden Sie sich Dienstleister zu Produktpräsentationen ein, suchen Sie den Kontakt zu anderen Trägern oder fragen Sie Ihre Kollegen: Es gibt unzählige Möglichkeiten digitale Anwendungen im Arbeitsalltag zu integrieren. Auch wir als Autoren kennen nur einen Bruchteil dessen, was weltweit zur Verfügung steht. Haben Sie etwas gefunden, das für Sie interessant erscheint, probieren Sie es aus. Sehr oft gibt es die Möglichkeit, Anwendungen kostenlos zu testen. Beziehen Sie Ihre Mitarbeiter, Kollegen und Kundinnen in den Entscheidungsprozess ein.

6. Arbeiten Sie in Netzwerken!

Die neuen Arbeitsformen sind geprägt von Vernetzung, Einbindung und Zusammenarbeit. Gespräche auf Augenhöhe mit ihren Kolleginnen und Geschäftspartnern führen nicht nur zu neuen Erkenntnissen, sondern auch zu tragfähigen interdisziplinären Lösungen. Im Netzwerk werden Sie gerade bei digitalen Herausforderungen erfolgreicher sein.

7. Entscheiden Sie selbst!

Alles, was digitalisiert werden kann, wird digitalisiert werden (siehe dazu auch Abschnitt 2.2 Relevanz). Nicht alles, was digitalisiert werden kann, muss digitalisiert werden. Die Digitalisierung selbst ist neutral. Sie bringt uns Werkzeuge – diese sind weder gut noch böse. Wozu Sie sie einsetzen, entscheiden Sie selbst!

Literatur-/Quellenverzeichnis

Aepli, Manuel et al. (2017): Die Entwicklung der Kompetenzanforderungen auf dem Arbeitsmarkt im Zuge der Digitalisierung; Arbeitsmarktpolitik 47 (Band 11.2017); Bern: Staatssekretariat für Wirtschaft SECO; abgerufen am 21.07.2018 von: www.ehb.swiss/document/kompetenzanforderungdigitalisierung47pdf

Ahrens, Daniela/Gessler, Michael (2018): Von der Humanisierung zur Digitalisierung: Entwicklungsetappen betrieblicher Kompetenzentwicklung; In: Ahrens, Daniela/Molzberger, Gabriele (Hrsg.): Kompetenzentwicklung in analogen und digitalisierten Arbeitswelten, Kompetenzmanagement in Organisationen; Deutschland: Springer Verlag

Al-Ani, Ayad (2017): Widerstand in Organisationen, Organisationen im Widerstand – Virtuelle Plattformen, Edupunks und der nachfolgende Staat; 2. aktualisierte Aufl., Wiesbaden: Springer Fachmedien

Althammer, Thomas (2018): Datenschutz und IT-Sicherheit in Zeiten der Digitalisierung; In: Kreidenweis, Helmut (Hrsg.): Digitaler Wandel in der Sozialwirtschaft – Grundlagen – Strategien – Praxis; Baden-Baden: Nomos

AMS Österreich (2012): Evaluierung des eAMS-Konto. AMS KundInnenbefragung; abgerufen am 4.1.2019 von: www.forschungsnetzwerk.at/downloadpub/2012_eva luierung_eAMS_konto_bericht_gesamt3.pdf

AMS Österreich (2018): Wir kennen die neuen Qualifikationsanforderungen noch nicht wirklich, wir können aber mit einer fundierten Ausbildung viel antizipieren und flexibel reagieren; In: AMS Info 407, Wien; abgerufen am 21.07.2018 von: www.forschungs netzwerk.at/downloadpub/AMS_info_407.pdf

Andelfinger, Volker/Hänisch, Till (2017): Industrie 4.0 – Wie cyber-physische Systeme die Arbeitswelt verändern; Wiesbaden: Springer Gabler

Anwar, Andre (2018): Schweden erwägt staatliche Kryptowährung; Artikel vom 23. März 2018 in: Die Presse, Wien

Barthelmäs, Nina et al. (2017): Industrie 4.0 – eine industrielle Revolution?; In: Andelfinger, Volker/Hänisch, Till (Hrsg.): Industrie 4.0 – Wie cyber-physische Systeme die Arbeitswelt verändern; Wiesbaden: Springer Gabler

Barthelmeß, Ulrike/Furbach, Ulrike (2012): IRobot – uMan – Künstliche Intelligenz und Kultur: Eine jahrtausendealte Beziehungskiste; Berlin Heidelberg: Springer

Bartonitz, Martin et al. (2018): Agile Verwaltung. Wie der Öffentliche Dienst aus der Gegenwart die Zukunft entwickeln kann; Wiesbaden: Springer Gabler

Bastian, Pascal/Schrödter, Mark (2015): Risikotechnologien in der professionellen Urteilsbildung der Sozialen Arbeit; In: Kutscher, Nadia et al (Hrsg.): Mediatisierung (in) der Sozialen Arbeit; Baltmannsweiler: Schneider Verlag Hohengehren

Bauernhansl, Thomas (2017): Industrie 4.0 – Im Spannungsfeld von Markt, Technik und Organisation; In: Zeitschrift für OrganisationsEntwicklung; Nr. 2/2017, München, S. 32–38

Beck, Kent et al. (2001): Manifesto for Agile Software Development; abgerufen am 17.11.2017 von: http://agilemanifesto.org/iso/de/manifesto.html

Behrendt, Siegfried (2019): Digitale Kultur des Teilens. Mit Sharing nachhaltiger wirtschaften; Wiesbaden: Springer Gabler

Bergert, Denise (2018): Deepmind: Künstliche Intelligenz erkennt Augenkrankheiten; Artikel auf heise online vom 14.8.2018; abgerufen am 31.8.2018 von: www.heise.de/newsticker/meldung/Deepmind-Kuenstliche-Intelligenz-erkennt-Augenkrankheiten-4137138.html

Bergmann, Frithjof (2004): Neue Arbeit, Neue Kultur; Freiburg: Arbor Verlag

Borchers, Detlef (2010): Größtes Biometrieprojekt der Welt startet in Indien; Artikel auf heise online vom 22.9.2010, abgerufen am 16.7.2018 von: www.heise.de/newsticker/meldung/Groesstes-Biometrieprojekt-der-Welt-startet-in-Indien-1083721.html

Brandes, Ulf et al. (2014): Management Y – Agile, Scrum, Design Thinking & Co: So gelingt der Wandel zur attraktiven und zukunftsfähigen Organisation; Frankfurt/New York: Campus Verlag

Braun, Ilja (2018): Risikobürger – in den Niederlanden filtert eine Software automatisch potentielle Sozialbetrüger heraus. Wie sie funktioniert, verrät der Staat nicht. Bürgerrechtler klagen dagegen. Artikel auf Algorithm Watch, abgerufen am 16.7.2018 von: https://algorithmwatch.org/de/risikobuerger

Brynjolfsson, Erik/McAffee, Andrew (2014): The Second Machine Age: Wie die nächste digitale Revolution unser aller Leben verändern wird; Kulmbach: Börsenmedien AG

Bundesministerium für Arbeit und Soziales (2016): Weißbuch Arbeiten 4.0. Arbeit weiter denken; abgerufen am 10.5.2017 von: www.bmas.de/SharedDocs/Downloads/DE/PDF-Publikationen/a883-weissbuch.pdf?__blob=publicationFile&v=4

Bundesministerium für Digitalisierung und Wirtschaftsstandort (o.D.): Meilensteine der Digitalisierung; abgerufen am 21.7.2018 von: www.digitalroadmap.gv.at/

BVDW – Bundesverband Digitale Wirtschaft e. V. (2018): Digitale Nutzung in Deutschland 2018. Abbildung der aktuellen digitalen Mediennutzung in Deutschland und Darstellung möglicher Trends, sowie Analyse des grundsätzlichen Verständnisses von Digitalisierung; München

CCRA (2012): Common Criteria for Information Technology Security Evaluation; abgerufen am 17.11.2017 von: www.commoncriteriaportal.org/files/ccfiles/CCPART1V3.1R4.pdf

Datenschutzgrundverordnung – DSGVO; Amtsblatt der Europäischen Union, Verordnung (EU) 2016/679 des Europäischen Parlaments und des Rates vom 27. April 2016 zum Schutz natürlicher Personen bei der Verarbeitung personenbezogener Daten, zum freien Datenverkehr und zur Aufhebung der Richtlinie 95/46/EG

Deges, Frank (2018): Quick Guide Influencer Marketing – Wie Sie durch Multiplikatoren mehr Reichweite und Umsatz erzielen; Wiesbaden: Springer Fachmedien

Depew, Sabine (2015): Soziale Arbeit 4.0; abgerufen am 17.11.2017 von: https://zeitzuteilen.blog/2015/05/18/sozialarbeit-4-0/

Desai, Adarsh/Monroe, Trevor (2015): Es werde Licht – Big Data in der Entwicklungsarbeit am Beispiel der Weltbank; In: Zeitschrift für OrganisationsEntwicklung; Nr. 3/2015, München, S. 23–27

DESI – The Digital Economy and Society Index. Digital Public Services; abgerufen am 3.1.2019 von: https://ec.europa.eu/digital-single-market/en/desi

Deterding, Sebastian et al (2011): From Game Design to Gamefulness: Defining „Gamification"; abgerufen am 31.8.2018 von: www.researchgate.net/publication/230854710_From_Game_Design_Elements_to_Gamefulness_Defining_Gamification

Deutsche Verein für öffentliche und private Fürsorge e.V. (2017): Fachlexikon der Sozialen Arbeit; 8. Aufl.; Baden-Baden: Nomos

Die Presse (2018): Die Roboter verlieren ihren Schrecken; Artikel vom 25. Mai 2018 in Die Presse, Wien

Dopheide, Christian (2017): Zur Digitalisierung des Sozialen. Ethische und ökonomische Reflexionen; Baden-Baden: Nomos

Dufft, Nicole et al (2017): Digitalisierung von Non-Profit-Organisationen – Strategie, Kultur und Kompetenzen im digitalen Wandel; abgerufen am 29.8.2018 von: www.betterplace-lab.org/wp-content/uploads/Studie-Digitalisierung-in-Non-Profit-Organisationen-.pdf

Effinger, Herbert, in: Deutsche Verein für öffentliche und private Fürsorge e.V. (2017): Fachlexikon der Sozialen Arbeit; 8. Aufl.; Baden-Baden: Nomos

Europass (2017): Digitale Kompetenzen – Raster zur Selbstbeurteilung; abgerufen am 17.11.2017 von: https://europass.cedefop.europa.eu/sites/default/files/dc_-_de.pdf

European Commission (2015): Growing a Digital Social Innovation Ecosystem for Europe. DSI Final Report; abgerufen am 25.1.2019 von: https://ec.europa.eu/futurium/en/system/files/ged/50-nesta-dsireport-growing_a_digital_social_innovation_ecosystem_for_europe.pdf

EU (2017): Europe's Digital Progress Report 2017 – User of Internet; abgerufen am 31.8.2018 von: https://ec.europa.eu/digital-single-market/en/news/europes-digital-progress-report-2017

EU (2018a): Digitale Kompetenz; abgerufen am 17.10.2018 von: https://europass.cedefop.europa.eu/de/resources/digital-competences

EU (2018b): Countries' performance in digitisation; abgerufen am 19.10.2018 von: https://ec.europa.eu/digital-single-market/en/countries-performance-digitisation

EU (2015): Growing a digital Social Innovation Ecosystem for Europe, DSI Final Report; abgerufen am 19.10.2018: http://publications.europa.eu/resource/cellar/3d227085-2884-11e6-b616-01aa75ed71a1.0001.01/DOC_1

EY (2017): Digitalisierung in Non-Profit-Organisationen in Österreich; abgerufen am 29.8.2018 von: www.ey.com/Publication/vwLUAssets/EY-Studie_Digitalisierung_in_NPOs_2017_-_Oktober_2017/$FILE/Studie%20Contrast%20EY%20Digitalisierung%20Non-Profit%20Organisationen_20171016%20.pdf

FINSOZ.ev (2016): Positionspapier Digitalisierung der Sozialwirtschaft; abgerufen am 17.11.2017 von: www.finsoz.de

Fiorina, Carly (2000): CTEA Convergence 2000 Detroit, Michigan; „The Transformation Accellerates"; abgerufen am 26.12.2018 von: www.hp.com/hpinfo/execteam/speeches/fiorina/ceo_ctea_00.html

Firgo, Matthias/Charos, Alexandros/Schmidt, Nicole/Schwarz, Gerhard/Strauss, Anna (2017): OÖ-DESI 2017. Digital Economy and Society Index für Oberösterreich; Wien: Österreichisches Institut für Wirtschaftsforschung

Fleischmann, Albert et al. (2018): Ganzheitliche Digitalisierung von Prozessen – Perspektivenwechsel, Design Thinking, Wertegeleitete Interaktion; Wiesbaden: Springer Vieweg

Frankfurter Allgemeine Zeitung (2018): Exoskelette helfen VW-Arbeitern am Band; Artikel vom 12.9.2018, abgerufen am 24.9.2018 von: www.faz.net/aktuell/wirtschaft/diginomics/exoskelette-helfen-vw-arbeitern-am-band-15784413.html

FSFE (2019): Public Money Public Code – Modernising Public Infrastructure with Free Software; Berlin: o.V.

Futurezone (2017): Wie Leute das Internet zeichnen; Artikel vom 22.9.2017, abgerufen am 29.11.2018 von: https://futurezone.at/digital-life/wie-leute-das-internet-zeichnen/287.713.121

Gesellschaft für Informatik e.V. (2016): Bildungsstandards Informatik SI und SI. Sekl. Information & Daten; abgerufen am 1.1.2019 von: www.informatikstandards.de/index.htm?section=standards&page_id=10

Glasl, Friedrich (2008): Wandel der Organisationsberatung zur Prozessberatung; In: Glasl, Friedrich et al.: Professionelle Prozessberatung: das Trigon-Modell der sieben OE-Basisprozesse; 2. Aufl., Bern: Haupt Verlag

Grimm, Petra (2018): Digitale Ethik – Wozu brauchen wir sie?; abgerufen am 28.10.2018 von: www.digitale-ethik.de/institut/digitale-ethik/

Grots, Alexander/Pratschke, Margarete (2009): Design Thinking – Kreativität als Methode; In: St. Gallen: Marketing Review, Volume 26, S. 18–23

Gössler, Martin (2017): Organisationale Vitalität – Acht Learnings aus der Arbeit mit Non Profit Organisationen; In: Zeitschrift für OrganisationsEntwicklung; Nr. 4/2017, München, S. 32–36

Hackel, Monika (2017): Zwischen Mensch und Maschine – Berufsbildung im digitalen Zeitalter; In: Zeitschrift für OrganisationsEntwicklung; Nr. 2/2017, München, S. 27–31

Halfar, Bernd (2018): Internet der Dinge: Sendung ohne Maus In: Kreidenweis, Helmut. (Hrsg.): Digitaler Wandel in der Sozialwirtschaft – Grundlagen – Strategien – Praxis; Baden-Baden: Nomos

Hanschke, Inge (2017): Agile in der Unternehmenspraxis. Fallstricke erkennen und vermeiden, Potenziale heben; Wiesbaden: Springer Verlag

Hartmann, Ernst Andreas (2015): Arbeitsgestaltung für Industrie 4.0- Alte Wahrheiten, neue Herausforderungen; In: Botthof, Alfons/Hartmann, Ernst Andreas (Hrsg): Zukunft der Arbeit in Industrie 4.0; Berlin Heidelberg: Springer Verlag

Häusling, Andre/Kahl, Martin (2018): Das TRAFO-Modell zur agilen Organisationsentwicklung; In: Häusling, Andre (Hrsg): Agile Organisationen – Transformationen erfolgreich gestalten, Beispiele agile Pioniere; Freiburg, München, Stuttgart: Haufe Gruppe

Hermann, Wendelin et al. (2017): Welche neuen Arbeitsbereiche entstehen in der Industrie 4.0; In: Andelfinger, Volker/Hänisch, Till (2017): Industrie 4.0 – Wie cyberphysische Systeme die Arbeitswelt verändern; Wiesbaden: Springer Gabler Verlag

Herold-Majumdar, Astrid (2016): Social Service Design & Marketing; 2. Aufl.; Regensburg: Walhalla Verlag

Holl, Jürgen et al. (2018): Das AMS-Arbeitsmarktchancen-Modell. Dokumentation zur Methode; Wien: Synthesis Forschung GmbH

Horn, Nikolai (2017): Denkimpuls digitale Ethik. Grundlagen der digitalen Ethik. Eine normative Orientierung in der vernetzten Welt; abgerufen am 28. 10. 2018 von: https://initiatived21.de/app/uploads/2017/08/01_denkimpulse_ag-ethik_grundlagen-der-digitalen-ethik.pdf

Höttges, Tim (2018): Blockchain oder: Das Internet der Werte; veröffentlicht am 4.12.2018 auf: www.linkedin.com

Hübler, Michael (2018): New Work: menschlich – demokratisch – agil. Wie Sie Teams und Organisationen erfolgreich in eine digitale Zukunft führen; Regensburg: metropolitan Verlag

Initiative D21 e.V. (2018): D21 Digital Index 2017/2018. Jährliches Lagebild zur Digitalen Gesellschaft, abgerufen am 14.10.2018 von: https://initiatived21.de/publikationen/d21-digital-index-2017-2018/

Initiative D21 e.V. (2018b): eGovernment MONITOR 2018. Nutzung Akzeptanz digitaler Verwaltungsangebote – Deutschland, Österreich und Schweiz im Vergleich, abgerufen am 3.1.2019 von: www.egovernment-monitor.de/fileadmin/uploads/user_upload/studien/PDFs/191029_eGovMon2018_Final_WEB.pdf

IT-Planungsrat der Republik Deutschland (2018): Digitale Verwaltung: nutzerorientiert und modern. Digitalisierungsprogramm zur Umsetzung des OZG: Blaupausen für die Verwaltungsdigitalisierung; abgerufen am 25.1.2019 von: www.it-planungsrat.de/SharedDocs/Downloads/DE/OZG-Umsetzung/DigPro_Info_BMI.pdf?__blob=publicationFile&v=5

Kaiser, Nick (2017): Reis gegen Fingerabdruck: Digitalwahn und Hunger in Indien; Artikel vom 30.3.2018 auf heise online, abgerufen am 16.7.2018 von: www.heise.de/newsticker/meldung/Reis-gegen-Fingerabdruck-Digitalwahn-und-Hunger-in-Indien-4009165.html

Karboul, Armel (2015): Coffin Corner – Warum auch die besten Unternehmen abstürzen können; Zürich: Midas Management Verlag

Kinkel, Steffen et al. (2018): Engpasskompetenzen für die Innovationsfähigkeit von Wertschöpfungschampions – Herausforderungen und Lösungsszenarien; In: Ahrens, Daniela/Molzberger, Gabriele (Hrsg.): Kompetenzentwicklung in analogen und digitalisierten Arbeitswelten, Kompetenzmanagement in Organisationen; Deutschland: Springer Verlag

Kleinz, Torsten (2017): 34C3: China – die maschinenlesbare Bevölkerung; Artikel vom 28.12.2017 auf heise online, abgerufen am 16.7.2018 von: www.heise.de/newsticker/meldung/34C3-China-Die-maschinenlesbare-Bevoelkerung-3928422.html

Kletzl, Helene/Wächter, Bettina (2019): Digitale Kompetenzen in der Sozialen Arbeit. Forschungsprojekt im Rahmen des Bachelorstudiengangs „Soziale Arbeit" an der FH Linz; unveröffentlicht

Knecht, Alban et al. (2018): Achtung beim AMS. Was die automatisierte Zuteilung zu arbeitsmarktpolitischen Maßnahmen für die Gerechtigkeit und die Anerkennung von arbeitslosen Menschen bedeutet; In: Die Armutskonferenz: Achtung. Abwertung hat System; Wien: Verlag des Österreichischen Gewerkschaftsbundes GesmbH

Knieschewski, Elmar „Klient" in: Kreft, Dieter (2013): Wörterbuch Soziale Arbeit. Aufgaben, Praxisfelder, Begriffe und Methoden der Sozialarbeit und Sozialpädagogik; 7. Aufl.; Weinheim Basel: Beltz Juventa

Kreft, Dieter (2013): Wörterbuch Soziale Arbeit. Aufgaben, Praxisfelder, Begriffe und Methoden der Sozialarbeit und Sozialpädagogik; 7. Aufl.; Weinheim Basel: Beltz Juventa

Krassowski, Edgar (2017): White Paper „E-Government" – Chancen und Herausforderungen der Digitalisierung im europäischen Kontext; Horvath & Partners Management Consultants, abgerufen am 12.9.2018 von: https://docplayer.org/42145050-E-government-chancen-und-herausforderungen-der-digitalisierung-im-europaeischen-kontext. html

Kreidenweis, Helmut (2017): Digitalisierung – Neue Herausforderung für NPOs; Präsentation NPO-Kongress, abgerufen am 17.11.2017 von: www.controller-institut.at/ uploads/content/tx_downloads/file/1Tag_03_Kreidenweis_Digitalisierung.pdf

Krempl, Stefan (2018): Missing Link: Nothing to hide, oder: Wie mit „Social Scoring" die Privatsphäre abgeschafft wird; Artikel auf heise online vom 8.7.2018, abgerufen am 16.7.2018 von: www.heise.de/newsticker/meldung/Missing-Link-Nothing-to-Hide-oder-Wie-mit-Social-Scoring-die-Privatsphaere-abgeschafft-wird-4102845.html

Kutscher, Nadia et al. (2015): Mediatisierung (in) der Sozialen Arbeit; Baltmannsweiler: Schneider Verlag Hohengehren

Kutscher, Nadia (2018): Soziale Arbeit und Digitalisierung; In: Otto, Hans-Uwe et al. (Hrsg.): Handbuch Soziale Arbeit. Grundlagen der Sozialarbeit und Sozialpädagogik, 6. Aufl.; München: Ernst Reinhart Verlag

Lehner, Franz (1993): Informatik-Strategien – Entwicklung, Einsatz und Erfahrungen; München Wien: Hanser Fachbuch

Lenz, Andreas (2017): Die Digitalisierung in 20 Meilensteinen; abgerufen am 17.12.2017 von: www.dietrichid.com/allgemein/die-technologien-der-digitalisierung-ein-zeitstrahl/

Lenz, Ulrich/Grützmacher, Pirie (2018): Was bin ich (noch) und was sollte ich sein?... In: von Au, Cornelia (2018): Führen in der vernetzten virtuellen und realen Welt – Digitalisierung, Selbstorganisation, Organisationsspezifika und Tabuthema Tod; Wiesbaden: Springer Fachmedien

Lietzke, Ines (2017): Vom Kleinen ins Große – Wie ein Kompetenzteam bei Evonik die Digitalisierung treibt; In: Zeitschrift für OrganisationsEntwicklung; Nr. 2/2017, München, S. 21–26

Lorenz, Markus et al (2015): Man and Machine in Industry 4.0 – How Will Technology Transform the Industrial Workforce Through 2025?; Boston Consulting Group; abgerufen am 17.11.2017 von: http://image-src.bcg.com/Images/BCG_Man_and_Machine_in_ Industry_4_0_Sep_2015_tcm58-61676.pdf

Mack, Thomas (2018): Big Data: Chancen für die Sozialwirtschaft; In: Kreidenweis, Helmut (Hrsg.): Digitaler Wandel in der Sozialwirtschaft – Grundlagen – Strategien – Praxis; Baden-Baden: Nomos

Mara, Martina (2016): Die Antropomorphismus-Falle; online-Artikel; abgerufen am 15.1.2019 von: www.zukunftsinstitut.de/artikel/die-anthropomorphismus-falle/

Margit's WebWi Blog (2016); abgerufen am 9.11.2018 von: https://collabor.idb.edu/mapi/stories/53047/

Marsiske, Hans-Arthur (2018): Missing Link – Erfolglose Gespräche über Killerroboter – „Wir müssen mehr machen"; Artikel auf heise online vom 9.9.2018, abgerufen am 28.9.2018 von: www.heise.de/newsticker/meldung/Missing-Link-Erfolglose-Gespraeche-ueber-Killerroboter-Wir-muessen-mehr-machen-4157480.html

Mathera, Wolfgang/Bauer, Gerhard (2016): Business Process Management – Triple M; In: Roithmayr, Friedrich et al (Hrsg): Veränderungs- und Prozessmanagement mit Soft Systems Methodology und Triple M; Linz: Trauner Verlag

MERICS (2017): China Monitor 43/2017 2 „Bonitätsprüfung Plus": China geht viel weiter als andere Länder; abgerufen am 16.7.2018 von: www.merics.org/de/node/5231

MERICS (2018): Zentrale Planung, lokale Experimente: Die komplexe Umsetzung von Chinas gesellschaftlichem Bonitätssystem; abgerufen am 1.9.2018 von: www.merics.org/sites/default/files/2018-04/180404_China_Monitor_43_Umsetzung_des_Gesellschaftlichen_Bonit%C3%A4tssystems.pdf

Michl, Thomas (2017): Agile Prinzipien – warum das agile Manifest der Softwareentwicklung auch der Sozialwirtschaft den Weg weist; abgerufen am 17.11.2018 von: https://ideequadrat.org/agile-prinzipien-warum-das-agile-manifest-der-softwareentwicklung-auch-der-sozialwirtschaft-den-weg-weist/

Mirus, Johannes (2016): Digitale soziale Arbeit ist viel mehr als digitale Kommunikation. Interview mit Sabine Depew zum Barcamp Soziale Arbeit; abgerufen am 17.11.2017 von: https://sozialcamp.de/2016/11/08/interview-mit-sabine-depew-zum-barcamp-soziale-arbeit/

Neugebauer, Reimund (Hrsg.) (2018): Digitalisierung – Schlüsseltechnologien für Wirtschaft & Gesellschaft; Berlin Heidelberg: Springer-Vieweg

Nida-Rümelin, Julian/Weidenfeld, Nathalie (2018): Digitaler Humanismus. Eine Ethik für das Zeitalter der Künstlichen Intelligenz; München: Piper Verlag

Nowotny, Valentin (2016): Was ist ein „Agiles Unternehmen". Eine Einführung; abgerufen am 12.1.2019 von: https://upload-magazin.de/blog/14153-agile-unternehmen/

Pariser, Eli (2017): Filter Bubble – Wie wir im Internet entmündigt werden; München: Hanser Verlag

Pfeiffer, Sabine (2015): Warum reden wir eigentlich über Industrie 4.0? Auf dem Weg zum digitalen Despotismus; abgerufen am 21.7.2018 von: www.researchgate.net/publication/320269208_Warum_reden_wir_eigentlich_uber_Industrie_40_Auf_dem_Weg_zum_digitalen_Despotismus?enrichId=rgreq-80dcbe3c22dd3c7a1a20c40b9155aa8f-XXX&enrichSource=Y292ZXJQYWdlOzMyMDI2OTIwODtBUzo1NDY4NzI4MjIzODY2ODh@1462956344082&el=1_x_2&_esc=publicationCoverPdf

Peeters, Michel et al. (2013): Social Stairs: taking the Piano Staircase towards longterm behavioral change; abgerufen am 31.8.2018 von: www.experientialdesignlandscapes.com/files/peeters-pt13.pdf

Peneder, Michael et al. (2016); Österreich im Wandel der Digitalisierung; Wien: Österreichisches Institut für Wirtschaftsforschung

Piber, Hannes (2008): Organisationsmodelle; In: Glasl, Friedrich et al (2008): Professionelle Prozessberatung: das Trigon-Modell der sieben OE-Basisprozesse; 2. Aufl., Bern: Haupt Verlag

Rada, Alejandro et al. (2017): Die Sozialwirtschaft Hessens als Wirtschaftsfaktor – Entwicklungslinien und volkswirtschaftliches Gewicht, Sozialwirtschaftsstudie Hessen (Teil II); Institut für Sozialarbeit und Sozialpädagogik e. V., Frankfurt; abgerufen am 21.07.2018 von: www.iss-ffm.de/m_760_dl

Reiser, Brigitte (2018): Flexibilisierung und Veränderung von Tätigkeiten – Folgen der Digitalisierung für die Arbeit in der Sozialwirtschaft; In: Kreidenweis, H. (Hrsg.): Digitaler Wandel in der Sozialwirtschaft – Grundlagen – Strategien – Praxis; Baden-Baden: Nomos

Risak, Martin (2017): Digitalisierung der Arbeitswelt. Rechtliche Aspekte neuer Formen der Arbeitsorganisation; In: Das Recht der Arbeit; Ausgabe 5/2107; Wien: Verlag des Österreichischen Gewerkschaftsbundes GmbH; S. 331–338

Ritter, Johannes (2018): Goldrausch in der Schweiz; abgerufen am 21.7.2018 von: www.faz.net/aktuell/finanzen/digital-bezahlen/kryptowaehrungen-goldrausch-im-crypto-valley-in-der-schweiz-15454751.html

Rock, Joachim (2018): Algorithm is a dancer: Herausforderungen der Digitalisierung für Wohlfahrtsverbände und Aufgaben der Politik; In: Kreidenweis, Helmut. (Hrsg.): Digitaler Wandel in der Sozialwirtschaft – Grundlagen – Strategien – Praxis; Baden-Baden: Nomos

Roedenbeck Schäfer, Maja (2017): Recruiting to go für Sozial- und Pflegeeinrichtungen; Regensburg: Walhalla Verlag

Roehl, Heiko (2015): Editorial; In: Zeitschrift für OrganisationsEntwicklung; Nr. 3/2015 34. Jahrgang, München, S. 1

Rosenberger, Patrick (2018): Bitcoin und Blockchain: Vom Scheitern einer Ideologie und dem Erfolg einer revolutionären Technik; Münster: Springer Vieweg

Schael, Christopher (2018): Künstliche Intelligenz in der modernen Gesellschaft – Bedeutung der „Künstlichen Intelligenz" für die Gesellschaft; In: DuD Datenschutz und Datensicherheit, Volume 42, Ausgabe 09/2018; Springer Gabler

Schallmo, Daniel R. A. (2017): Design Thinking erfolgreich anwenden; Wiesbaden: Springer Fachmedien

Schwan, Ben (2018): Pseudo-KI statt digitaler Bots; Artikel auf heise online vom 7.8.2018; abgerufen am 26.10.2018 von: www.heise.de/tr/artikel/Pseudo-KI-statt-digitaler-Bots-4129161.html

Schwarzbach, Marcus (2016): Digitale Arbeit. E-Government. Arbeit 4.0. Handlungsmöglichkeiten von Personal- und Betriebsrat – Praxisorientierte Einführung; Regensburg: Walhalla Verlag

Schneider, Jürg et al. (2007): Strategische Führung von Non-Profit-Organisationen; Bern-Stuttgart-Wien: Haupt Verlag

Specht, Philip (2018): Die 50 wichtigsten Themen der Digitalisierung – Künstliche Intelligenz, Blockchain, Bitcoin, Virtual Reality und vieles mehr verständlich erklärt; München: Redline Verlag

Stieglitz, Stefan (2017): Enterprise Gamification – Vorgehen und Anwendung; In: Strahinger, Susanne/Leyh, Christian (Hrsg): Gamification und Serious Games – Grundlagen, Vorgehen und Anwendungen; Wiesbaden: Springer Vieweg

Surowiecki, James (2005): The wisdom of crowds – why the many are smarter than the few; London: Abacus

Sussitz, Hermann (2018): Waldviertler Finanzrebell macht Gesetzesvorschlag; Artikel in Der Standard vom 5.3.2013; abgerufen am 31.8.2018 von: https://derstandard.at/1362107503397/Waldviertler-Finanzrebellen-machen-Gesetzesvorschlag

Szigetvari, Andras (2018): AMS bewertet Arbeitslose künftig per Algorithmus; Artikel auf derstandard vom 10.10.2018; abgerufen am 11.10.2018 von: https://derstandard.at/2000089095393/AMS-bewertet-Arbeitslose-kuenftig-per-Algorithmus

Tapscott, Don/Tapscott, Alex (2016): Die Blockchain Revolution – Wie die Technologie hinter Bitcoin nicht nur das Finanzsystem, sondern die ganze Welt verändert; Kulmbach: Börsenmedien AG

Tiemeyer, Ernst (2007): IT-Strategien entwickeln, IT-Architekturen planen – IT als Wertschöpfungsfaktor; Haag i. OB: rauscher Verlag

TU Wien (2018): Altindische Texte und die Logik der Computer-Ethik – Können wir einer Maschine Ethik beibringen? In einem Informatik-Projekt der TU Wien untersucht man nun alte Sanskrit-Texte und beschreibt ethische Regeln mit den Methoden der Logik; abgerufen am 21.7.2018 von: www.tuwien.ac.at/aktuelles/news_detail/article/125568/

UN Department of Economic and Social Affairs (2018): E-Government Survey 2018 GEARING E-GOVERNMENT TO SUPPORT TRANSFORMATION TOWARDS SUSTAINABLE AND RESILIENT SOCIETIES. New York; abgerufen am 29.8.2018 von: https://publicadministration.un.org/en/Research/UN-e-Government-Surveys

Verband für Digitalisierung in der Sozialwirtschaft e.V. (2017): Plattform für soziale Dienstleistungen und Betreuungsangebote; abgerufen am 5.11.2018 von: https://beb-ev.de/wp-content/uploads/2017/09/ag-40-2017-10-13-Plattform-f%C3%BCr-soziale-Dienstleistungen-und-Betreuungsangebote_Kurzvorstellung.pdf

ver.di (2014): Cloudworking und die Zukunft der Arbeit – Kritische Analyse am Beispiel der Strategie „Generation Open" von IBM; Beratungsstelle für Technologiefolgen und Qualifizierung (BTQ) im Bildungswerk der Vereinten Dienstleistungsgewerkschaft und Input consulting GmbH, Hessen, Stuttgart; abgerufen am 17.11.2017 von: https://innovation-gute-arbeit.verdi.de/++file++560d2825aa698e7a69000387/download/IBM-Gutachten_E-Mail.pdf

Watling, Sue/Rogers, Jim (2012): Social Work in a Digital Society: London/Thousand Oaks/New Delhi/Singapore: Sage Publications Ltd.

Weinreich, Uwe (2016): Lean Digitization. Digitale Transformation durch agiles Management; Heidelberg: Springer Gabler

Wikipedia (o.D.): Agile Softwareentwicklung; abgerufen am 17.11.2017 von: https://de.wikipedia.org/wiki/Agile_Softwareentwicklung

Wikipedia (o.D.b): Digitale Kluft; abgerufen am 14.1.2019 von: https://de.wikipedia. org/wiki/Digitale_Kluft

Wonderwerk (2018): Digitalisierungsenquete des Innsbrucker Gemeinderates. Strategischer Ansatz zur Digitalisierung der Stadt; abgerufen am 25.1.2019 von: www.innsbruck.gv.at/data.cfm?vpath=redaktion/politik/dokumente35/gemeinderaetliche-enqueten1/enquete-digitalisierung-der-landeshauptstad-innsbruck-/nicolas-stuehlinger

Zierer, Brigitta (2018): Analog und digital! – Den digitalen Wandel aktiv mitgestalten; In: Sozialarbeit in Österreich, Ausgabe 3/18; Wien: Österreichischer Berufsverband der Sozialen Arbeit

Zweig, Katharina (2018): Wo Maschinen irren können – Verantwortlichkeiten und Fehlerquellen in Prozessen algorithmischer Entscheidungsfindung; Bertelsmann Stiftung; abgerufen am 24.9.2018 von: www.bertelsmann-stiftung.de/de/publikationen/publikation/did/wo-maschinen-irren-koennen/

Das Autorenteam

DI(FH) Bettina Wächter,MA, Jahrgang 1984, ist Organisationsentwicklerin, Sozialmanagerin und IT Managerin mit Schwerpunkt E-Learning. Sie arbeitet als nebenberuflich Lehrende am Campus Linz der Fachhochschule Oberösterreich, ist selbstständige Organisationsberaterin mit Schwerpunkt Qualitäts- und Prozessmanagement, HR sowie Datenschutz sowie Projekt- und Organisationsentwicklerin, Qualitätsmanagementbeauftragte und IT-Koordinatorin bei B7 Arbeit und Leben.

Mag. Alois Pölzl, Jahrgang 1960, ist Diplomsozialarbeiter, Pädagoge, Sozial- und Bildungsmanager. Sowohl in der praktischen Sozialarbeit wie auch als Geschäftsführer setzt er sich seit vielen Jahren mit den digitalen Möglichkeiten auseinander. Er leitet heute den Fachbereich Case Management im oberösterreichischen Sozialunternehmen B7 Arbeit und Leben. Neben seiner beruflichen Tätigkeit ist er Mitglied im Aufsichtsrat der Soziale Initiative Gemeinnützige GmbH und führt den Vorsitz im Österreichischen Berufsverband der Sozialen Arbeit (obds).

Stichwortverzeichnis

Stichwortverzeichnis